大川书系

当代情感教育研究丛书

朱小蔓 主编

论德育的精神性

LUN DEYU DE JINGSHENXING

■ 钟晓琳 著

四川教育出版社

图书在版编目(CIP)数据

论德育的精神性／钟晓琳著 .— 成都：四川教育
出版社，2021.11
（当代情感教育研究丛书／朱小蔓主编）
ISBN 978−7−5408−7817−7

Ⅰ．①论… Ⅱ．①钟… Ⅲ．①中小学－德育－研究
Ⅳ．①G631

中国版本图书馆 CIP 数据核字（2021）第 215251 号

论德育的精神性
LUN DEYU DE JINGSHENXING

钟晓琳　著

出 品 人　雷　华
策划组稿　康宏伟
责任编辑　高　玲
封面设计　许　涵
版式设计　武　韵
责任校对　刘正含
责任印制　田东洋
出版发行　四川教育出版社
　　　　　地　　　址　四川省成都市锦江区三色路 266 号新华之星 A 座
　　　　　邮政编码　610023
　　　　　网　　　址　www.chuanjiaoshe.com
制　　作　四川胜翔数码印务设计有限公司
印　　刷　成都市锦慧彩印有限公司
版　　次　2022 年 3 月第 1 版
印　　次　2022 年 3 月第 1 次印刷
成品规格　185mm×260mm
印　　张　12.25
字　　数　200 千
书　　号　ISBN 978−7−5408−7817−7
定　　价　48.00 元

丛书编委会

主　　编　朱小蔓

执行主编　杨一鸣

委　　员　（按姓氏笔画排列）

　　　　　马多秀　王　坤　王　慧　陈　萍

　　　　　李舜平　钟芳芳　钟晓琳

情感教育肩负着现代人情感文明建设的教育使命，是人类完善自身的必要之途，也是中国从自身古老优秀的文化传统向现代化发展的必经之途。当代情感教育研究是我国著名教育学家、教育家朱小蔓教授历四十余年开创的具有中国特色、时代特征的学术领域。站在新的时代起点上，聚焦立德树人根本任务，情感教育研究在贡献当代中国文化复兴、繁荣中国教育理论及话语、自觉探索应对由社会发展所带来的新需求和新变化等方面将担承更大使命、更重责任。策划与组织本套丛书，正是对这一时代召唤的积极回应。

过去三十年，小蔓教授带领团队在情感教育研究的园地里辛勤耕耘，以情感及其教育为学术研究的"母细胞"，不断繁衍和扩展到新的研究领域、新的学术语境，形成当代情感教育研究的成果集束。2008 年后，小蔓教授转到北京师范大学工作。在繁忙的双肩挑之余，她对情感教育研究丝毫没有懈怠，又相继研发、培育出一大批较高质量的学术成果。2018 年后，小蔓教授病重休养期间，仍以顽强毅力坚持学术写作、阅读思考和指导后学。

2019 年 12 月 27 日，中小学班主任杂志社组织召开"朱小蔓情感教育思想座谈会"，汇聚全国情感教育研究的学术菁英，共同研讨、阐释作为当代情感教育研究的重要成果——"朱小蔓情感教育思想"及其内涵与特征、体系与演化、贡献与价值。之后，承蒙四川教育出版社的垂青，小蔓教授不顾病体，亲自擘画与设计"当代情感教育研究丛书"，在学术团队近十年相关成果中遴选、敲定书目。

本套丛书共六部著作，包括小蔓教授的《当代学校德育对话录：情感的关切》和《教育学的想象——情感教育研究三十年》。前者是小蔓教授历经十年以"对话体"方式对情感性学校德育原理所做的系统阐释；后者则是她对三十年情感教育研究历程进行的系统而全面的回顾与梳理，这部书是小蔓教授在生命的最后两年耗尽"啼血"之力口述后由学生整理完成的。丛书的其他四部著作，分别从情感教育与公共生活、道德教育的情感性特征、乡村教师的情感生活和教师情感素养培育等方面展开讨论。事实上，这四部著作在论题、思想、结构和表达等方面也都不同程度地凝结了小蔓教授的学术心血。

可惜，天不假日！小蔓教授未及亲眼看到丛书问世，便带着无数未了的学术心愿，永远地离开了她无限热爱与不舍的情感教育研究事业。小蔓教授就是为当代中国情感教育研究而生的，她的一辈子也都毫无保留地献给了这一事业。逝者已逝，作为学术后来人，我们应做和能做的，就是要把这份对情感教育研究的爱传承和发扬下去，做好学术"传灯人"。

丛书编委会

2021 年 11 月

　　知识化与生活化是德育在当前社会转型中遭遇的两种困境，德育走向知识化有其特定且复杂的社会历史背景，相关理论研究在对知识化的批判中提出"回归生活"的德育理念，德育的生活化是对这一理念的误读。基于德育过程的展开考察这两种德育困境，会发现无论是知识化还是生活化的德育都缺乏过程性的自觉与反思，困境之根本在于德育的精神性问题，即渗透于德育过程的真实的道德价值立场以及过程中学生主体生命的存在样态。知识化的德育专注于客体化的精神，师生在德育过程中难以展开交互的、内在深层的精神性活动；生活化的德育无力化解时代精神生活的矛盾，难以观照师生在德育过程中的内在精神冲突。针对德育对学生内在道德生命发展的忽略以及时代的精神困境，20 世纪 80 年代以来，相关理论研究已经开始有意识地挖掘德育过程中那些有助于人的完整的精神发育的德性要素，形成了"关心的德育""超越的德育""情感的德育"和"审美的德育"，这些理论探索从各自理论观点的阐释和对实践模式的建构中共同勾勒出德育的一个大概的"精神性"的轮廓。

　　为能更清晰地从整体上把握德育发生的内在机制，本书引入"精神性"的概念来考察德育在人的精神层面的应然追求并确立德育自身的精神性。首先，通过对"精神"概念的历史梳理来认识并解读"精神性"，在理论层面建构出"精神性"的基本架构，包括"精神性"的具体表征及其在人的精神层面的关联范畴；然后引入这一概念分别考察道德的精神性、个体道德发展的精神路径以及教育的精神性追求。在此基础上，本书试图建立德育精神性的理论架构及其边界，它具体体现为德育的内隐性、完整性、自觉性和超越性。其中，德育的内隐性主要体现为三个方面，包括学生与教师的内隐经验即德育的起点，德育过程的内隐性，德育效果可能的内隐性和延时性；德育的完整性体现为德育目标的完整性追求，以及德育存在于师生完整的精神时空；

德育的自觉性主要是指德育要直面生活中的道德精神困境，以及师生在德育过程与结果中的自我反思活动；德育的超越性包括德育对外部精神困境的超越以及德育过程中学生内在理想高度与心灵深度的统一。

在理论建构的基础上，对德育的精神性的探讨需要回到师生生活的现实场域，观照鲜活的德育事实和真实的德育困境，致力形成一条现实可能的德育路径。本书分别考察当前师生生活中所呈现的精神样态，探讨德育所面临的精神困境以及德育的可能作为。在社会、校园与班级生活的空间层叠中，分别探讨社会传媒文化影响及社会道德困境中德育如何实现其精神性，校园物质文化和制度文化环境所应有的德育意蕴，体现于课堂、人际关系以及社会经验影响中的班级精神状况及德育作为。在过去、现在与未来的生活时间观念中，面对现代与后现代时间观念带来的精神困境，本书提出德育应使学生获得现时体认的真实感，培养学生的历史感，以及培养学生的道德理想。在师生的生活时空中，本书进一步提出将师生关系作为德育生活中重要的精神资源，它对于德育具有本体性和工具性的精神价值；德育应关注师生在彼此关系中的精神存在，致力构建一种具有道德意义的师生关系，使学生能从在场的师生关系的道德对话中，逐渐形成一种具有内在的、持续的道德声音的不在场的师生关系。

最后，本书从师生生活的共同场域转向师生各自的生活视域，分别从教师与学生的生活视域来讨论德育的精神性。在教师的生活视域下，本书分析了教师在当前教育体制中所面临的精神困境以及教师所能把握的德育时空；强调教师应在精神生活中形成德育意识，包括在阅读中逐渐培养自觉意识，增强自身的道德敏感性等；并进一步指出教师在德育中经历了"预设"与"偏见"、"恐惧"与"敏感"、"清醒"与"期待"的精神发展过程。在学生的生活视域下，本书探讨了学生在德育生活中遭遇的成人眼光以及学生所面对的教材与自身生活之间无可回避的差距；并认为学生在德育生活中具有认识和判断教师、道德以及德育的"心眼"；在此基础上，指出学生在德育中经历了基于个体生活经验的"注意""表达"与"分享"以及"体验"中的"反思"等相互交合的精神成长过程。

目 录

第一章

绪 论

Chapter one

我们不能教每个人都立志为英雄、为才子，但可以教每个人都立志为圣、为贤。

——冯友兰

第一节 问题的提出

一直以来，相对于德育如何管理、如何评价之类的研究问题，笔者更关注德育如何使人的内在发生变化这一探察德育内在过程的问题。笔者认为，在某种意义上，人的道德之根本在于其精神性而非行为表现，正如冯友兰将"道德的行为"与"合乎道德的行为"相区别，"合乎"只是貌似、看上去是而本质上不是，二者之根本区别在于行为的精神性，即"道德的行为"隐含着道德精神，体现一种道德的自觉。因此，笔者相信，德育之所以能成其为德育在于它是影响人的心灵的工作，是在精神上塑造人的事业，也越发认同鲁洁先生所言，德育之魅力就在于它"面对的是人而不是物，即使是物，我们也要显示它背后的人，显示它和人的关系；德育面对的是一个个有血有肉的人，是人心，而不是抽象的概念化的人和冷冰冰的理性；德育面对的是人的向善之心，它展示的是人对美好生活的向往和对美丽人生的追求"①。

其实，德育如何能进驻人的心灵、塑造人的精神并不是一个新问题，但它长期困扰着我们并且在当前更加凸显。反观现实，在教育现代化的进程中，德育的目的趋于功利性，德育被作为应对种种现实问题的工具，以致有人形象地将之称为"灭火器"；德育过程表面化，道德的学习被等同于对班校规矩条令的遵守、对思想品德课本的学习以及偶尔参与品德主题活动；德育评价局限于学生的操行评分、思政学科考试成绩等。这些具体的表征在不同程度、不同侧面反映出德育已经背离了初衷甚至变得面目可憎，它缺乏对人的内在精神层面的观照。德育日渐被理解为可以全部表现外在行为的活动，被理解为可以分割评判的活动，被理解为可以立竿见影地呈现效果的活动，进而忽略了德育需要观照人的心灵成长和内在道德精神的发展这一问题。没有了精神性的观照，德育也很难再进驻人的心灵、塑造人的道德信念，很难再促进人的道德精神的发展，其教育结果只能是使道德成为人心中"毫无用处"的装饰品。

《北京晚报》曾报道过一项有关大学生人才观的调查，近 4000 名京沪大学生中仅

---

① 鲁洁. 道德教育的当代论域［M］. 北京：人民出版社，2005：315.

有 6.5％的人认为道德品质是人才标准，同时，在调查列举的专业知识、工作经验、人际沟通、工作态度、创新意识和道德品质六项素质中，道德品质一项处于垫底位置①。大学生心中这种"人才无关道德"的观念再次给德育敲响警钟，它质疑德育何其能成为德育。原复旦大学校长杨玉良院士在谈到当前不少学生急功近利的心态时，也表达出这种危机感："如果学校教育只注重知识传授，不重视德性培养，那么培养的人越有知识，越可能成为社会的祸害。"② 面对社会中不时出现的道德沦丧现象和德育似无能为力的尴尬境地，笔者越发认同"什么时候人们找到了道德教育的本性和精神特质，什么时候才可能实现德育的真正振兴"③。

从某种程度上说，德育所面临的精神性困境是时代精神状况的一个缩影。人类生存境遇中的精神性问题是西方现代化以来伴随着现代性的张扬而日益凸显的，"以往，仅仅是少数人焦虑地思考我们的精神世界所面临的危险，而现在，大战以后，这种危险的严重性已是人人都清楚了"④。整个 20 世纪，这种危机阴影一直笼罩着西方世界，西方对现代性的反思与批评及以此为基础的精神性探讨从未停止过，并力图通过教育来解决这种精神性困境。而中国则以一种特殊的"姿态"，一方面以高扬的步调追求现代化，另一方面以近似于"学习者"的角色参与西方对现代性的反思与批评。这种"姿态"使得德育研究处于一种非常尴尬的境地：一方面，我们正在追求并经历现代化的历程，在观念、行为等层面都接受着它的影响；另一方面，我们又致力反思和批评这一历程本身所导致的德育的困境与问题。我们的德育理论研究紧密地观照着德育现实的境遇，研究问题从现实的反思中来，在研究成果上给予德育诸多设计和构想，但它们在德育实践中似乎难以找到合适的方式去实现，难以根植于现实。面对社会层面日渐凸现的价值实用主义、价值相对主义、价值虚无主义等，德育所标立的道德理想正逐渐遭遇质疑。与此同时，在应试教育、教育产业化、学而优则"业"的现实境遇中，德育边缘化、外在化以及由此而致的精神性缺失似乎是必然的结果：在德育的具体实施者及其受众层面，德育即使被认为是重要的，也一定不是最急迫、最必

---

① 张刃. 科教时评：大学生人才观"品德垫底"之忧［N］. 工人日报，2007-06-28（5）.
② 姜泓冰. 教育≠成功学［N］. 人民日报，2010-09-20（12）.
③ 檀传宝. 功利主义：中国德育的症候群之一［J］. 教育理论与实践，1996（3）：24-28.
④ 雅思贝斯. 时代的精神状况［M］. 王德峰，译. 上海：上海译文出版社，1997：1.

须、最现实有用的。正是这种"必然"将基于"实然"反思而苦心建构的"应然"拒之门外。

综上所述，德育现实缺乏对人的心灵和精神层面的观照，而这种德育困境又植根于时代发展与社会生活中人自身的精神困境，这似乎使得德育的精神困境成为一种难以超越的必然，甚至因此获得某种"不得不如此"的合理性。对此，本书的研究认为有必要从学理层面强调德育自身的精神性追求，并开始探问：德育具有怎样的精神性？面对现时代人的精神困境、教育自身的精神困境，德育如何实现其自身的精神追求——深入人的心灵、培养人的道德精神？这一探问以"德育的精神性"为核心，它不仅牵涉德育理论层面的应然探寻，同时关联德育实践层面的实然考察，并希望在这种应然与实然之间寻找一种现实的可能。在此基础上，本书进一步提出研究假设：①德育是具有精神性的，它内在于德育过程的师生交往中；②德育的精神性追求应当成为教师自身精神发展与学生个体道德成长的内在需求；③师生在现实生活中所遭遇的精神困境隐含着德育理想与现实的张力，其中蕴藏着德育的精神性追求的可能。基于研究假设，本书将对德育的精神性追求在实践层面的考察聚焦于现实的师生生活；并且从理论探寻到对师生生活的考察都贯穿着对这三个研究假设的具体描述、分析和论证，试图更加清晰、真实、深入地说明问题并致力问题的解决。

第二节　核心概念界定

一、精神性

"精神"在日常意义上泛指人的意识、思维活动和心理状态，或者表示某一内容的主旨要义。中国古代哲学思想中，"精""神"二字合用见于《庄子·天下》的"独与天地精神往来，而不敖倪于万物。不谴是非，以与世俗处"。庄子将精神与天地并举，赋予其形而上的意义，使其成为不可言说的、超越时空且独立存在的实体。而后王充《论衡·订鬼》中的"精神为之"则将精神用作关于意识、思维层面的表达。可见，精神在哲学层面至少包含两个向度的意义：一是精神的客体化，即外在的精神——"道"（人道即社会的道、天道即宇宙的道）；二是精神的主体化，即内在的精神，其在一般意义上指人心的知觉灵明。两个向度的关联体现于人对外在精神的知觉灵明及其发展，这种发展的最高层面是关于神秘经验的即刻领会的心理状态，它包含着个体与客体化精神同一的内在体验。在西方传统中，精神的两个向度的割裂再关联成为其走向宗教的根源——"以色列人对超越的神的体验和希腊人对理性生活的发现"给西方传统社会带来两个不可或缺的体现人生存经验的维度，即"超越的精神秩序"与"世俗的政治秩序"①。其中，"世俗"的维度指向人，"超越的精神"维度指向神，所谓超越维度其实是一种神的精神维度。近代以来，西方哲学中的精神概念逐渐转向对于世俗政治、伦理生活的观照，精神及精神性逐渐从"神性"回归"人性"，精神概念不再倾向于宗教意义的 soul、nous，而以 spirit（有明确理想、信念和原则的个体意识与社会意识）指代，精神性（spirituality）开始以人的主体性姿态与人的自然性、社会性相提并论②。其实，这种回归背后所体现的是精神内容指向的一种转变而非精神自身的转变，即从宗教的精神内容向世俗的精神内容的转变。由此，精神在宗教层面的超越性转义为在自然和社会中的主体性，在这一过程中精神自身所具有的超越特质并未改变。

鉴于上述考察分析，本书认为精神在其完整意义上包含两个层面：一是作为个体经验的精神的内容层面，它受制于物质世界的发展和特定时空背景，是具体的、相对的、可变的；二是精神的特质层面，即精神性，它是精神区别于他物而成其为精神的特质表征，具体呈现于精神的两个向度不断关联（人的精神自身发展）的过程之中，精神在这一层面获得普遍意义。精神的特质层面与内容层面是密切关联、不可分割的，精神性在普遍意义上是精神的特质表征，只有当它指向具体时空中的精神内容，精神才具有现实性，才成为真正的精神。

二、德育

概念问题反映观念问题，不同的德育概念不仅反映出德育观念和教育观念的差异，还表达着对道德的不同理解。基于上文对精神概念的考察分析，道德作为一种社会意识内在于精神之中。从黑格尔的观点来看，道德是从个体与社会混沌不分的伦理

---

① 霍伟岸. 沃格林论现代性及其起源 [J]. 读书，2010（5）：21-27.
② 在汉语语境下，这是对精神性的惯常解读。

发展而来的"对自身具有确定性的精神"。在这个意义上，个体的道德发展包含着一条由内而外、由外而内再由内而外不断循环上升的发展路径，道德是个体与伦理的内在统一。因此，道德在根本意义上是归属个人的，其最初形态（德性）根植于人的心灵①，最终又成为人自身的目的。将道德作为社会意识形态、共同生活的行为准则与规范，实际上是就其伦理意义而言，这不是道德的终点，真正实现的道德是个体在伦理中获得对自身的确认。

　　基于对道德的上述认识来界定德育，首先需要质疑关于狭义德育与广义德育的区分问题，这种区分与其说是一个理论问题，不如说是理论被实践挟持所做的选择。最早对德育进行思想教育、政治教育和道德教育的区分自有其特殊的历史现实背景②，但近年来，教育实践层面逐渐将公民教育、心理健康教育、法制教育、生命教育等作为不同主题的德育内容包含在德育范畴内，于是便有了一种德育"泛化"的批评和"大德育"概念的争议（即德育之"大"究竟应包含哪些具体内容）。已有共识是：道德教育是"大德育"的基础和核心，狭义的德育专指道德教育。可以认为，这一共识并非源自理论本身而是基于理论对话的需要，而这种需要使得德育的概念界定趋于形式③。基于对精神的理解，德育中的道德与教育的关系就不仅仅是内容与活动的关系，道德与教育本来就是相互交融的（某种意义上，道德就是教育的目的），它不能仅仅被作为一个静止的内容来看待（以具体条目呈现的品德是道德的对象而不是道德本身），而需要给予过程的观照。在这一过程中，德育（道德教育的缩写）就无所谓广义与狭义，它关注教育如何帮助个体完成在伦理中确认自身的精神路径，思想、政治、公民、法制等作为具体的社会意识只是完成道德的过程驿站。因此，对于个体而言，德育既不等于对抽象静止的道德条目的学习，也不等于进行基于道德条目的行为训练，而是遵循个体道德发展的精神路径，促进个体道德不断由内而外、由外而内循环往复自主建构的价值引导活动。

---

① 朱小蔓关于情绪、情感对个人道德成长的本体价值的讨论以及檀传宝关于"新性善论"的论述都关涉这一问题，人类通过先天社会性遗传获得道德发展的生理基础，它不仅使德育成为可能，而且指明了德育应遵循的路径。

② 檀传宝. 德育原理［M］. 北京：北京师范大学出版社，2007：2.

③ 德育概念的形式化倾向有两种体现：一是仅作广义、狭义的区别，不再探讨狭义德育的具体内涵；二是将对教育的界定与道德近似机械地"相加"，而不探讨道德与教育的关系。

三、 师生生活

生活一方面包含着人们为自身生存与发展而相继展开的各种活动，另一方面又是由这些活动串联并不断生成的生命过程，有学者指出它具有劳作性、主体间性、整体性、意义建构性等①。可以认为，生活包含着两条相互交错的基本线索，即空间线索和时间线索，生活沿其空间线索的展开给人的生命活动以现实与确定，而生活沿其时间线索的展开则为人的生命活动带来了理想与可能。正是这两条线索的交错使人的生活得以区分为外部的物质生活与内在的精神生活，宏观的社会生活、中观的集体生活与微观的家庭生活和私人生活，过去的历史生活、现在的实际生活与未来的可能生活等。将对生活的这种理解引入师生这一具体群体，师生生活即指教师与学生的生活，它有其自身的边界但同时也包含着多个维度。第一，它既包括教师与学生（在场或不在场）共同面对的生活，也包括他们在共同生活中各自不同的生活体验和生命过程。第二，它是师生物质生活与精神生活的统一，既包括由一个个具体时空下的独立现实事件串联起来的客观物质生活，也包含着师生内在跨越时空的主观精神生活。第三，它在空间上包含着师生社会生活、校园生活与班级生活的层叠。需要说明的是，这种层叠中包含着家庭生活的影响，但不存在家庭生活的共同空间，因为师生角色难以扩展到家庭中，师生在各自家庭中的生活会影响他们的生活经验，但与社会生活、校园生活和班级生活不同的是，师生并不共同面对同一的家庭生活。第四，它在时间上包含着师生过去生活、现在生活与未来生活的连贯。

第三节　文献综述

通过查阅、收集整理与分析相关文献和研究成果，可以发现现有研究对"德育精神性"的关涉主要有两种思路：一种思路是在理论研究层面，基于精神、精神性与教育、德育的关系讨论教育和德育的基本问题；另一种思路是从反思教育（特别是德育）实践中所存在的缺失，来探讨人的内在（精神）发展与德育的关系以及德育应如

---

① 观点引用自高德胜于 2005 年在人民出版社出版的《生活德育论》。

何改革的问题。此外，由于无论在现实语境还是理论探讨中的精神问题都较为复杂和隐晦，考察道德哲学关于精神与精神性的研究是必要的。因此，为了较完整地把握现有研究状况，下面将从三个方面分别进行综述，即道德哲学关于精神和精神性的研究、教育学关涉德育精神性的理论研究、德育现代困境讨论对德育精神性的关涉。

一、 道德哲学关于精神和精神性的研究

（一）西方道德哲学关于精神和精神性的研究

精神是哲学的一个重要范畴，哲学的一个基本问题就是精神与物质的关系问题。西方哲学对精神的研究是从对思维本身的考察开始的。崇尚理智和理性是古希腊哲学的重要标志，这是在古希腊人向外探索自然的过程中逐渐被发现的。毕达哥拉斯等人已经意识到自然的本质并不等于自然的外在表达，只有人的思维才能把握它；巴门尼德的哲学被认为是古希腊哲学真正的开始[1]，他以对感官世界的否定为出发点，认为理智才是认识真理的标准[2]；赫拉克利特更是从"探求我自己"出发，将思维本身作为客观的考察对象。西方哲学自古希腊开始，便有了两个对象：自然世界与人自身的精神世界。当苏格拉底将哲学的旨趣从自然转向社会，道德便开始成为哲学关注的对象，此后，对道德的讨论始终关涉人的精神问题，可以说西方道德哲学对精神与精神性的研究或明或暗地贯穿其历史发展的整个过程。

柏拉图和亚里士多德的伦理学说均以其各自的"灵魂说"为基础，而他们"灵魂说"中的灵魂可以被视作精神的代言[3]。柏拉图认为有一种作为生命精神的根本和事

---

[1] 在巴门尼德之前，对宇宙本源的探寻未有质的层面的总体概括，巴门尼德对这一问题的高度概念化、哲理化，实际上将它归结到本体论的研究，于是便形成了真正的哲学，即古代意义的"形而上学"。据此，黑格尔曾经赞扬说："真正的哲学思想从巴门尼德起始了。"参见：萧焜焘. 辩证法史话 [M]. 南京：江苏人民出版社，1986：24.

[2] 这种观念在被普遍接受的过程中，也开始引起哲学家们对思维的思考：思维能否正确地认识自然？思维自身是什么？等等。

[3] 西方的精神性之所以具有属灵的宗教色彩，也源于古希腊的"灵魂说"在一定意义上是将灵魂与精神相混融的，而不是相区别的。特别是柏拉图将灵魂看作超越时空的永恒实体，从"自身运动"的角度论述灵魂不朽，使得精神对于个体的意义超越了肉体，这种超越一旦绝对化便指向了宗教（个体需要一个终极实在来确认其自身精神的重要性）；后来在新柏拉图主义的创始人普罗提诺那里，精神被抽离于灵魂之上，成为灵魂通达神灵的中介。

物的动力的"宇宙魂"存在，对人而言，灵魂先于肉体存在，灵魂与肉体相结合则生、相分离则死，人通过灵魂获得对理念的认识。柏拉图哲学中的灵魂实际上指人的意识和精神状态，它由理性①、激情和欲望三部分组成（值得注意的是，柏拉图将感觉归之于肉体而排除在灵魂之外，其精神结构中不包含感觉），各部分有不同的地位和功能，人的肉体与之相对应的部位分别是头、胸和腹。不仅如此，柏拉图将这种灵魂的认识延伸至他对社会的看法，他认为人类社会各个阶层之间的关系，相当于一个健康灵魂中各个功能之间的关系。从某种意义上，这种延伸是将精神从个体层面转向社会层面的始端。关于道德，柏拉图认为合乎理性的生活就是有德性的生活。其实，他所指认的道德，就是灵魂的各个部分各司其职所达成的整体和谐：个体的道德就是理性指导意志和欲望；社会的道德是由代表理性的哲学王领导代表意志的军人和代表欲望的商人，三者各司其职就是正义，正义便成为道德的一个重要方面。与柏拉图不同，亚里士多德反对将灵魂与肉体相分离和灵魂不朽，他基于本体、生命、质料与形式、潜能与现实的关系来界定灵魂，认为灵魂寓于肉体之中，是生命的本体、有生命的躯体的现实。此外，亚里士多德认为灵魂的结构中包含了"感觉"和"思维"两个部分，后者是"理性的灵魂"，是灵魂中的"心灵"（nous，mind），二者的区别在于：灵魂的感觉依赖于肉体的感官，而心灵的思维能力则与肉体相分离，并且心灵自身可以成为思维的对象②。关于德性，亚里士多德认为"所说的德性并不是肉体的德性，而是灵魂的德性"，"幸福就是灵魂的现实活动"，"德性就在灵魂中"③，因此，"德性也要按照灵魂的区别来加以规定"，"其中的一大类是理智上的德性，另一大类是伦理上的德性"④。亚里士多德将道德知识归属于实践知识，那么，灵魂的德性不仅仅是一种使人的行为合乎"中道"的品格或心灵状态（理智德性），还要指向合乎德性的灵魂的现实活动（伦理德性）。他把后者称为"善"，并将其区分为外在的善、身体的善和灵魂的善，其中，灵魂的善是真正的善。可见，与柏拉图相比，亚里士多德道德

---

① 柏拉图将人的认识区分为四个部分（四种灵魂状态），即知识、理智、信念、想象，其中知识与理智结合为"理性"，信仰与想象结合为"意见"。
② 亚里士多德提出以自身为思维对象的心灵，这在后来的一些哲学思想中被解析为关于主动理性和被动理性的认识。
③ 亚里士多德. 尼各马科伦理学［M］. 苗力田，译. 北京：中国人民大学出版社，2003：22.
④ 亚里士多德. 尼各马科伦理学［M］. 苗力田，译. 北京：中国人民大学出版社，2003：24.

哲学中的精神在结构上更完整，开始关注精神的自觉性，并且已经包含一种实践的倾向。值得注意的是，柏拉图与亚里士多德的"灵魂说"及道德哲学的共识与分歧，对西方中世纪伦理宗教学说以及近现代道德哲学理解和探讨精神与精神性具有奠基性的深远影响。

作为希腊人的终结，普罗提诺的宗教哲学又是基督教世界的开端，他将精神（nous）① 从灵魂中抽离出来，使之介于太一②与灵魂之间：精神是太一的影子，产生于太一自我追求时之所见③；灵魂是双重的，既有面向精神的内在的灵魂，也有面对外界（自然以及感觉世界）的灵魂；当灵魂撇开塑造肉体的那部分，向上仰望精神而被精神照亮，灵魂不仅见到精神，也见到太一。普罗提诺的哲学只鼓励人去观看内心而不去观看外界，德行超越了科学的意义并且日渐被理解为仅仅包含有德的意志，"而不是一种想要理解物理世界或改变人类制度的世界的愿望了"④。由此，整个中世纪的灵魂与肉体的二元对立中，在圣奥古斯丁的罪恶来自灵魂而非肉体的观念影响下，精神逐渐成为一种神的启示，只与灵魂的信仰交织在一起，精神领域中没有自由意志，理性成为捍卫信仰的工具，道德成为一种有德的意志被捆绑于宗教内，即它要求意志对身体进行全面控制。由于离开真正的宗教就没有道德，因此这种有德的意志是源于上帝的意志。圣托马斯·阿奎那指出，"上帝有意志，他的意志就是他的本质，而其主要对象就是神性本质"⑤。要与上帝意志、神性本质相通，他认为有三种途径，即通过理性、启示以及通过一些事前只由启示才能认识的事物的直觉。其实，圣托马斯·阿奎那的第一种途径是灵魂面向精神的部分，而后两种途径都是精神，换言之，通达上帝的意志才能有真正的道德，而在本质上精神是唯一的途径，精神便获得无可替代的超越性。

中世纪以后，一部分西方道德哲学家致力在信仰与理性之间找到一个平衡点，精

---

① 罗素认为，在普罗提诺的宗教哲学中，nous宜译为"精神"，若按字典将其译为"心灵"则不能表示它的正确含义。

② "太一有时候被称为'神'，有时候被称为'善'；太一超越于'有'之上，'有'是继太一而后的第一个。"参见：罗素. 西方哲学史：上［M］. 何兆武，李约瑟，译. 北京：商务印书馆，1963：363.

③ 由此，精神便逐渐演变为一种神的启示，精神性便成为神的属性，与肉体和世俗相对立。

④ 罗素. 西方哲学史：上［M］. 何兆武，李约瑟，译. 北京：商务印书馆，1963：374.

⑤ 罗素. 西方哲学史：上［M］. 何兆武，李约瑟，译. 北京：商务印书馆，1963：556.

神一方面仍具有神性的神秘特质，另一方面也日渐成为人的主观意志（主观能动性）的表达。斯宾诺莎将思想与广延作为神的属性统一起来，认为德性就是理性与意志的统一，幸福是德性自身而非其结果，是心灵自由的体现。莱布尼茨的"单子论"反对斯宾诺莎的唯一实体而将单子规定为精神原子，认为有无限个精神实体（单子），而上帝是最高最完善的单子。康德将人的认识能力划分为感性、知性和理性，并将理性划分为思辨理性与实践理性，认为后者包含道德律和人类行动的根本原则。对于道德和实践理性，康德提出三条共设即上帝、心灵不朽与自由，并认为它们是信仰的对象而非知识的对象。

康德的观点遭到黑格尔的批判，黑格尔反对把宗教作为纯粹信仰而排除在理性的认识范围之外，他认为宗教与哲学是同一的，都是对绝对精神的展现。黑格尔对精神进行了"集大成"式的全面而深刻的考察。精神概念是黑格尔哲学体系中一个最基本的概念，也是一个多层次的动态的概念。他提出人类精神或意识的发展经历了六个阶段，即意识、自我意识、理性、精神、宗教、绝对知识。这六个阶段其实是人类精神从个体意识到社会意识再到绝对意识（关于意识、精神的概念式的知识）的发展过程。在这个过程中，精神是理性的直接发展，"理性已意识到它的自身即是它的世界、它的世界即是它的自身时，理性就成了精神"①。具体来说，"黑格尔认为'以前的一切意识形态都是精神的抽象物'。它们曾是意识、自我意识和理性。当精神停留在客观存在状态时，'精神就是本身包含着感觉确定性、知觉和知性的一般意识'。当精神进入意识的反思时，'精神就是自我意识'。当精神作为意识与自我意识的统一体时，'精神就是具有理性的意识'。当精神作为存在着的理性时，'精神就达到了它的真理性：它即是精神，它即是现实的、伦理的本质'。只有理性达到与存在的统一时，精神才真正成其为精神，达到它自身的真理性阶段。这时精神就成了现实"②。黑格尔正是在这一基础上来认识道德的，并将道德视作伦理的发展而置于伦理之上，认为伦理是真实的精神，而道德是对自身具有确定性的精神。"在现实学的意义上，伦理是个体与整体混沌未分的那种精神，因而是真实的精神；道德是自由主体觉醒的结果，

---

① 黑格尔. 精神现象学：下 [M]. 贺麟，王玖兴，译. 北京：商务印书馆，1979：1.
② 萧焜焘. 精神世界掠影 [M]. 南京：江苏人民出版社，1987：130-131.

因而是对自身具有确定性的精神。伦理与道德都是精神发展过程中的特定阶段，只是道德达到个体主体的自我意识，所以是最高阶段。"① 因此，在黑格尔的哲学体系中，精神具有自由的本性，它包含了人的整个心灵和道德，道德内在于精神之中，精神就是主观世界与客观精神世界的统一，就是伦理、教化、道德的统一。

此后，奥伊肯从人生哲学的角度对精神与精神性展开过研究，他认为精神作为一种实在有其独立发展的过程，它是在自然发展到一定阶段时作为一种自觉的阶段而产生的，并据此提出"精神生活"的概念。他认为精神生活与人的精神本性相关联，"精神生活作为一种独立存在的实在，超越了纯粹自然世界的界线而成为人自身的特征，它超越了人的自然属性与社会属性而突现了人的精神性。精神生活世界不是外在于人的宗教世界，也不是将人分裂了的观念世界，它不同于对立于人或包容了人的自然世界。精神生活世界是既和人在一起，又包容了自然的宇宙精神大全"②。

（二）中国道德哲学关于精神和精神性的探讨

中国古代道德哲学对精神的讨论大致有两条线路，一条是基于"道"的线路，一条是基于"心"的线路。就基于"道"的线路而言，中国古代哲学思想中的"道"与西方古希腊哲学和基督教神学谈论的"逻各斯"（logos）具有相近的本体论意义，然而中国古代的"道"最初均谓人道，至老庄哲学始赋予"道"以形而上的意义。老子将天地万物之生的总原理谓为"道"，它不可言说，兼有无即"无言其体，有言其用"③，"德"是事物之所得于道而以成其物者，换言之，人的德就是使人合乎"道"而成其为人的原理。这种对"道"的认识被庄子发展为一种独立自存的、超越时空的绝对精神，如《庄子·天下》提出"独与天地精神往来，而不敖倪于万物。不谴是非，以与世俗处"。庄子将精神与天地并举，赋予其形而上的意义，使其成为"道"的代言，"人道"便为"天道"所超越。这种超越为后来精神的神秘主义开辟了道路。这条线路的发展使人获得双重的道德身份和道德关系，个人不仅是社会的一分子，还是宇宙的一分子，个人不仅在社会中有其相应的地位与职能（即人伦与人职），还在

① 樊浩. 道德形而上学体系的精神哲学基础［M］. 北京：中国社会科学出版社，2006：9.
② 刘梅. 精神生活：奥伊肯对人生哲学的批判与建构［J］. 哲学研究，2006（7）：102-106.
③ 冯友兰. 中国哲学史：上［M］. 上海：华东师范大学出版社，2000：104.

宇宙中有相应的地位与职能（即天伦与天职）。因此，个人道德的完成不仅应该尊人道、尽人职、尽人伦，还应尊天道、尽天职、尽天伦。

就基于"心"的线路而言，冯友兰认为，中国古代哲学对于"心"有两类认识：一类把"心"看得过于伟大进而认为物质的存在亦在心中，理学陆王派即为此列；另一类则是物质论者的观点，他们认为"心"依附于肉体。理学基于人之属性将心区分为"人心"与"道心"，"人心"是就人的生物性而言但不等于"人欲"①，而"道心"是就人之所以为人的特性而言的，二者的关系即"人心惟危，道心惟微"。

二、 教育学关涉德育精神性的理论研究

教育学（包括德育学）在理论研究范畴对"德育精神性"的关涉主要体现在两个方面：一是德育学中有关人的精神发展及道德精神与德育关系的讨论，具体涉及德育本质与德育过程的研究；二是当前精神教育理论研究中对道德教育的关涉。

（一）国内观照人的精神发展的德育理论

目前国内已有研究在指向人的内在精神发展的德育探索方面，主要形成了三种与德育实践相关联的德育理论：超越德育论、情感德育论、审美德育论。超越德育论建立在以人论为逻辑起点的道德教育哲学基础之上，这一理论将人的超越作为德育的本性并赋予其独特意义。它认为人所面对的是两个世界，"一个是现实世界，它是由现存的一切事物以及它们之间的相互联系所构成的；另一个是可能世界，它是以事物可能存在的状态呈现于人的精神、思想之中"②。道德作为一种精神活动是对可能世界的一种把握，道德因此具有超越的本质，"道德教育的要旨不在于使受教育者了解现实生活中人们的行为是怎样的，而在于使他们掌握：人们的行为可能是怎样的？应该是怎样的？道德的理想是什么？人何以接近这种理想？道德教育如果离开了这一要旨，它就不能成其为道德教育，而只可能成为诸如社会学、经济学等学科知识的教学

---

① 理学家所谓的"人心"与"人欲"不是一回事，其所谓人欲是指人心之带有损人利己的成分而使流于恶者，人欲即私欲。
② 鲁洁. 道德教育的当代论域 [M]. 北京：人民出版社，2005：35.

与传授"①。而道德教育的现实化就是"按照某种超越于现实的道德理想去塑造与培养人，促使人去追求一种理想的精神境界与行为方式"②。

情感德育论是建立在道德教育哲学、情绪心理学、生理学等多学科基础上的德育理论。在德育与人的精神发展的关系上，情感德育论将德育视作"人的一种独特的极其复杂的文化活动，是人的精神实践方式，是人经历道德学习、引发精神发育和成长的生命过程"③。这一理论认为情绪、情感是人类精神生活中最重要的组成部分，是人类行为经验中最复杂的感受和体验。基于对情感在个体道德形成中的特殊地位以及德育促进个体情感发展之可能的考察，情感德育论将情感作为德育指向人的精神发展进路的契合点和作用力，倡导"强调以情动体验为基础，以情感-态度系统为核心，以情感与认知相互影响、促进而发展为过程，从情感素质层面保证人的德性构成的道德教育理念、取向及其实践操作样式"④。情感德育论所关注的情感并不一定直达道德情感，而是与道德、个体德性发展等相关的情感，该理论进一步讨论如何将人的情感发展作为德育目标来建构、如何从情感维度指导道德学习、如何致力教师的道德情感等。

审美德育论是基于德育与美学的深层交叉而形成的德育理论。这一理论以美在德育及全部教育中的精神价值为基础，"试图以教育美的建立去提升教育及其对象的精神境界，使教育活动本身成为一种人生境界达成过程，使教育活动的主体和对象都在人生上实现超越"⑤。具体而言，审美德育论以功利主义德育观所暴露的精神缺损为背景，考察美育的育德功能并探讨其具体机制，将美作为德育手段对德育对象、德育过程和德育主体自身进行改造，并认为道德生活有功利、社会和自由三种道德境界，德育与之相对应表现为感性德育、理性德育和审美德育，美应以自身的精神价值为德育目标致力至境追求。

① 鲁洁. 道德教育的当代论域 [M]. 北京：人民出版社，2005：36.
② 鲁洁. 道德教育的当代论域 [M]. 北京：人民出版社，2005：36.
③ 朱小蔓. 情感德育论 [M]. 北京：人民教育出版社，2005：3.
④ 朱小蔓. 情感德育论 [M]. 北京：人民教育出版社，2005：63.
⑤ 檀传宝. 德育美学观 [M]. 太原：山西教育出版社，2002：31.

（二）德育基本理论研究中关于德育精神性的讨论

德育基本理论研究中关于德育精神性的讨论主要涉及两个方面的基本理论问题，一是德育本质问题，二是德育过程问题。在有关德育本质的探讨中，将人的精神发展与德育本质相关联主要有四种比较突出的观点：第一，德育的本质指向人的德性与德性生活。其中，人的德性包含着人的精神性，是人生物性中实存的精神性，即人在"物欲满足后的超越物质需求的意义需求"，就个人而言，德性水平因人而异，评价德性水平的标准在于"个人的人格中多大程度上赋有人的精神含量……多大程度上领会了人之为人的精神本质"①。德性生活就是在物质生活与精神生活的张力中形成的统一的个体生活。据此，德育本质就是"对于人的生活意义的求索和生存质量的提升"②。第二，德育的本质是培养道德精神。这种观点认为道德精神"并不是'具有道德内容的思想、意识'，或是集中体现某一道德体系基本特征的道德思想或意识，而是人们对道德所持有的一种心理态度和思想意识"③。换言之，道德精神就是由人的道德认识发展而来的一种道德信仰，包含着敬畏、向往、坚持道德的精神态度；德育的根本在于培养个体的这种精神态度。第三，德育具有精神的道德属性。这种观点认为德育具有道德属性，而道德就其根本来说是一种精神，具体表现为道德作为一种直接指向人的行为实践的精神意识是主观精神与客观精神的同一，因此德育的道德属性是倾向于精神的，德育的本体功能是培养人的德性的内在规定。第四，德育应致力"实践道德精神"的培育。这种观点主要基于德育在主观精神方面的哲学基础，认为中国的道德精神和道德教育有其民族性，即中国的"实践道德精神"在于情感。据此，这种观点认为德育应当致力伦理感与道德感的培养，将伦理感按层次区分为"单一物"与"普遍物"的统一感、实体感、精神感，并基于伦理感认为道德感既是一种道德的主观意志也是一种见诸行为的道德冲动，具体包括得道感、敬重感和义务感。

在有关德育过程的探讨中，凸显出一种以情感作为重要考察对象的研究取向。这

---

① 檀传宝. 德性、德性生活的实存与历史——对于道德生活和道德教育本质的思考 [J]. 江苏高教，2000（1）：36-40.

② 檀传宝. 德性、德性生活的实存与历史——对于道德生活和道德教育本质的思考 [J]. 江苏高教，2000（1）：36-40.

③ 鲁芳，张秋良. 培育道德精神：道德教育之本 [J]. 伦理学研究，2008（3）：65-68.

种取向体现了对情绪、情感等具有内隐性的精神质料给予观照，充分肯定情感对于个体道德精神发展的重要意义。它将促进人的道德情感发展作为重要的教育目标，反对传统德育过程中忽略人的情绪情感的知识灌输或行为训练的活动范式，并认为情绪情感在德育过程中具有认知不可替代的基础地位。基于这种认识，德育过程就是"人的情感世界发生变化、人生经验发生改变的过程"①，是个体对于道德的"情动—感受""体验—理解""价值体系化—人格化"的过程，是"人的情感交往的过程"和"导向情感的过程"。

此外，相对于传统的"灌输""转化""内化"观念，对德育过程的一种新的共识是"建构说"，这种建构说以承认德育对象的主体性为前提，它与内在精神性以及人的精神发展有密切关联。从人的主体性来说，它是人性中的精神因素，是人的精神性的具体表现，包括三个特征即能动性、自主性和自为性。基于人的主体性，德育过程就不仅是由外向内的，而主要是由内向外的过程，这一过程在表象上可能存在"转化"或"内化"的问题，但在本质上却是一种内发、生长与建构的过程。在这个意义上，德育过程的"建构说"经历了从"自主建构"向"生活建构"的转变，前者主要指向道德建构的内在机制，关注德育对个体自身的精神自觉，而后者则在此基础上更加关注个体道德建构的外部环境，关注德育引导个体与环境的交互影响。德育的"生活建构"说认为"道德和道德教育的核心问题是'怎样去做成一个人'的根本生存方式问题，而不是具体行为规范问题"。因此德育必须观照人内在的精神生活，"德育意义上的生活改变，包括外在活动、关系层的生活方式的改变，也包括内在意识层德性和人格的改变与提升"②。

（三）"精神教育"研究中对道德教育的关涉

"精神教育"是当代西方人文主义教育基于社会危机所提出的一个重要的教育主题。西方社会的精神危机与道德危机是相交合的，如普贝尔指出的"对人的精神世界，特别是以道德为核心的精神生活能力培养的丧失，是美国教育乃至社会走向混乱

① 朱小蔓. 情感教育论纲 [M]. 北京：人民出版社，2007：141.
② 鲁洁. 道德教育的根本作为：引导生活的建构 [J]. 教育研究，2010 (6)：3-8, 29.

的根源"①。正是在这个意义上，精神教育被认为是与价值教育、道德教育、宗教教育相互渗透的概念，它将促进人的精神的高度发展作为对教育最根本的评判。因此，关于精神教育的理论探讨中必然包含着对德育精神性的见解，主要反映在三个方面：第一个方面，广义的精神教育包含了道德教育，完成于审美教育。"道德作为一种自觉自愿的规范，只有在个体那里才能得到真正的实现，只有进入个体的思想意识、情感意识和实际行动的过程之中，并转化为个体的实践精神和内在素质，才是活生生的有生命力的东西。"② 在这一层面，人的精神发展就体现为道德水平的提升。而人的精神发展最终归属于审美层次，在审美教育中，人的精神发展实现了自由状态，道德的"应该"被转化为个体在崇高境界与精神信念驱使下的自由行为并体现于生活的各个方面。第二个方面，从"价值教育"的理论范畴出发探讨精神教育对价值追求的意义。在海尔斯蒂德与泰勒合编的《教育中的价值与价值中的教育》一书中，精神教育是一种旨在培养人的精神品质、精神价值的教育活动，这一活动过程的本质是在追求人的价值过程中实现对社会价值体系的重建。第三个方面是在宗教教育的研究过程中关注精神教育问题，并且将对宗教精神生活的关心逐渐转向对世俗精神生活价值的追求，强调教育对所有人的精神世界发展的引导，其中在精神教育的具体措施上，伽德纳强调三个因素，即智力的发展（知识）、道德的发展（自我）以及存在（自由）。

三、 德育现代困境讨论对德育精神性的关涉

德育现代困境讨论对德育精神性的关涉主要包括两个层面：一个是在困境的归因层面，理论界对德育现代困境原因的探讨指向德育实践中的精神性及相关问题；二是在困境的解决层面，理论界致力通过对德育精神层面的观照来解决德育的现代困境。

（一）德育困境反思对精神性的关注

德育现代困境的反思对问题表征与根源的分析主要涉及德育的价值取向，早在20世纪末，鲁洁先生就提出市场经济条件下德育的价值取向问题。她认为市场经济

---

① 王坤庆. 当代西方精神教育研究述评 [J]. 教育研究，2002（9）：89-96.
② 庞桂美. 人的精神世界的建构与精神教育 [J]. 当代教育科学，2010（7）：8-10.

与道德教育在价值取向上是相区别的，混淆二者将导致道德和道德教育"精神层面"的失落。就具体价值取向的影响，已有研究主要围绕德育的功利主义（后演变为工具主义）、唯科学主义来讨论。功利主义被认为是中国德育问题的表征，它一方面表现出"社会本位特征，即德育的优劣是以对社会是否'有用'为准的……把德育甚至全部学校教育仅仅作为社会控制的工具"①，另一方面又体现为一种现实的"经济功利"，使教育（如应试教育、升学教育）成为其手段，而将与其无直接关联的德育排挤在学校教育的主阵地外，导致德育的边缘化。由此，对德育的精神问题的关注成为焦点，一种代表性的观点认为：面对工具化，德育需要有自己的精神境界，"站在历史与命运的中心，占有终极性的道德资源，并回到精神生活的内在性上。这样的道德教育才能真正找到自己的道德根基和存在理由"②。

（二）德育困境反思对精神内容的讨论

对于德育在精神内容层面的困境，已有研究主要有两种指向：一种指向学校德育中的"意义"的失落，另一种则指向现代德育中的"信仰"的丧失。这两种指向都根源于现代性问题。"意义"的失落被表征为德育在科学化与功利化中与生活的脱离，其根源在于现代性对意义的消解，即理性对终极实在的消解导致人的生活进入无根状态，世俗化对人内心生活的消解导致人精神低迷，极端个人主义对人的关系性存在的消解导致人存在孤独感，"温和的"专制主义对人的超越性的消解导致人痴迷于当下生活。而"信仰"的丧失则源于作为现代性特征之一的理性对信仰等非理性存在的遮蔽，从而导致人类精神家园在普遍意义上的失落，人的心灵由于无处皈依而迷茫。同时，关于德育困境中具体的道德精神内容缺失的讨论，需要建立一套最基本的道德价值观念体系，有明确的道德精神内容。不同研究的分歧主要在于究竟以什么内容作为核心的问题，大致有三类观点：第一类观点倾向于以儒家传统精神或民族精神为内容；第二类观点倾向于以西方的公民精神为核心内容，强调德育对自觉的平等意识、法治意识和责任意识的培养；第三类观点则采取一种折中路线，基于德育在科学化与

---

① 檀传宝. 功利主义：中国德育的症候群之一 [J]. 教育理论与实践，1996（3）：24-28.
② 薛晓阳. 学校德育：道德境界的构成与问题 [J]. 教育学报，2005，1（5）：57-62.

知识化的倾向中忽略将人作为出发点和最终目的，这类观点强调德育对人文精神的观照，由于人文精神具有历史性，其内涵随历史发展而不断丰富，当代德育应观照的是当代人文精神，即在尊重科学和理性的同时，追问生命的意义，强调人的使命感、责任感和道德意识，弘扬价值观念，提高文化意识。

综合以上三个方面的文献考察，可以认为国内外相关研究对于精神与道德的关系、人的精神发展与德育的关系、道德精神与德育的关系、精神教育与德育的关系、德育的现代困境及其根源与精神性的关联、指向精神性的德育范式等问题已有较深入的分析和探讨，并已提出诸多深刻而有益的命题和观点，产生出一些宝贵的教育思想。然而，已有研究对德育的精神性问题尚缺乏系统深入的阐释。它们虽然大都涉及人的精神发展与德育的精神性问题，也从不同侧面探讨了德育应如何致力人的内在道德精神发展的问题，但对于德育精神性的关涉和讨论大多基于一些间接的或是零碎的命题和观点，缺乏概念化和理论深度，缺乏较为系统完整的分析和论述。在德育基本理论研究中，就所能接触的范围而言，尚未发现有人将精神性作为一个概念化的哲学工具对德育理论问题进行系统考察。此外，已有研究对德育现实困境的必然性缺乏观照。特别是关于德育现代困境的研究对于德育实践中的问题大多具有极强的针对性，但多数研究中这种针对性主要是基于德育理想的建构，是从理论层面对德育实践进行"应然"的建构与指导，其所关注的是"德育应该如何做"，而缺乏对"德育能够如何做"及其背景因素的考察，缺乏对产生德育问题的原因的必然性的观照。

第四节　研究方法与研究思路

一、研究方法论与具体方法

研究的方法论及其指导下的理论分析工具意味着研究自身的自觉性。对于本研究来说，研究的目的和意义并不止于客观地说明某一个教育问题，它是要站在教育自身的道德价值立场致力解决教育问题。因此，教育理论与实践的研究关联以及这种关联所包含的张力是方法论首先需要关注的问题。一般而言，理论层面的研究具有一定抽象性并且是概念化、结构化的，而教育实践探讨（比如行动研究）却更多是具体的、鲜活的、复杂多样的。为避免纯粹逻辑推理式的哲学论证，本研究借鉴德国文化哲学研究中的现象解释学和诠释学方法原理，即不把研究对象（人）从整体的文化现象中抽离出来，而是将其置于整体的文化现象中来认识，寻找文化生命的表达方式并将那些相似的、反复出现的生命表达现象用概念归纳为相关范畴，这些概念范畴就成为认识和诠释文化现象的思维工具。本研究试图将师生置于完整的德育过程中来认识，将师生的内在精神样态包含的特征和外化表现用一定的概念范畴归纳出来，比如"敏感""清醒""高度""深度"等，同时将这些概念范畴作为思维工具来诠释和探讨德育在师生生活中的精神性追求。在此基础上，本研究还尝试通过时空架构的方式把研究内容置于连贯的时空之中来分析讨论，因为过程与时空有着内在的关联，在时空中展开才可能对德育过程进行深入的考察和分析，同时本研究的其他核心概念如精神性、师生生活等都隐含着时空的内涵，只有在具体时空中才能获得鲜活的内容。而时空构架本身也包含着一个积极的条件，即它既具有连贯性也包含具体性，它可能为本研究提供一定的宽松度，从立体的多个侧面来探讨问题。时空架构主要包括时间连贯的架构、空间层叠的架构、时空重叠的架构等。比如，本书第二章对德育的两种精神困境的讨论，主要采用时空连贯架构，致力从德育现实及其理论反思的两个相互交错而不是平行的维度呈现并深入探讨德育的精神性困境。又如，本书第三章对精神历史的梳理部分，从时间连贯的架构中呈现精神概念的历史丰富性，进而从中凝练出精神性的具体表征，同时，对精神性的考察也致力通过呈现精神所包含的内在时空，将高度与深度、过去与未来作为两组重要的概念线索展开具体分析讨论。再如，本书的第四章，研究同时运用空间层叠架构、时空重叠架构来探讨师生生活的现实场域中德育的精神性困境及其可能的超越。

除上述讨论的方法理论、思维工具及其具体方法，本研究还主要采用以下几种方法：

1. 文献研究方法

文献研究方法主要是通过梳理和总结已有相关研究文献，从而在较短时间内探明、掌握相关内容的研究动态，获取有价值的研究信息和资料。除绪论的文献综述外，对当前德育的精神性困境、指向精神性的理论探求以及对精神的历史梳理等研究都使用了文献研究方法。

2. 理论思辨方法

理论思辨方法是哲学、教育学研究等展开学理分析所使用的一种主要方法，它包括对现象的描述性和规范性的分析论证，前者主要关涉研究内容"是什么"的问题，后者则主要关涉研究内容"应该是什么"的问题。在具体的方法运用上，理论思辨方法往往可以与案例分析解释方法一起使用。理论思辨方法是本研究贯穿始终的主要研究方法，无论是对德育的精神性的理论建构还是现实考察，都通过描述性分析与规范性分析相结合的方式展开。

3. 案例分析与解释方法

案例分析与解释方法，包括案例分析方法与案例解释方法。案例分析方法即通过对具体案例的分析来进一步延展、推进对研究内容的讨论，它往往将案例的分析融于思辨性的讨论之中。案例解释方法主要是运用案例的具体性、形象性和鲜活性来进一步解释和说明研究内容，对研究主题并不做进一步的引申讨论。在对德育实践层面的考察中，通过引入师生生活中的鲜活案例进行深入的分析讨论是本研究使用的一种主要方法。不同于一些研究纯粹使用个案的解剖与分析，本研究不仅借用具体案例来进一步分析所讨论的主题，同时也使用案例来具体解释说明研究内容。

二、 研究思路

本研究主要遵循"现实反思—理论建构—现实考察"的研究思路，基于当前中国学校德育的现实困境提出问题，基于现实反思从理论层面建构德育的精神性架构，然后将这一理论认识放置于师生生活的现实场域以及师生各自的生活视域中，探寻理论追求与现实困境之间的可能的德育路径。具体见图1-1。

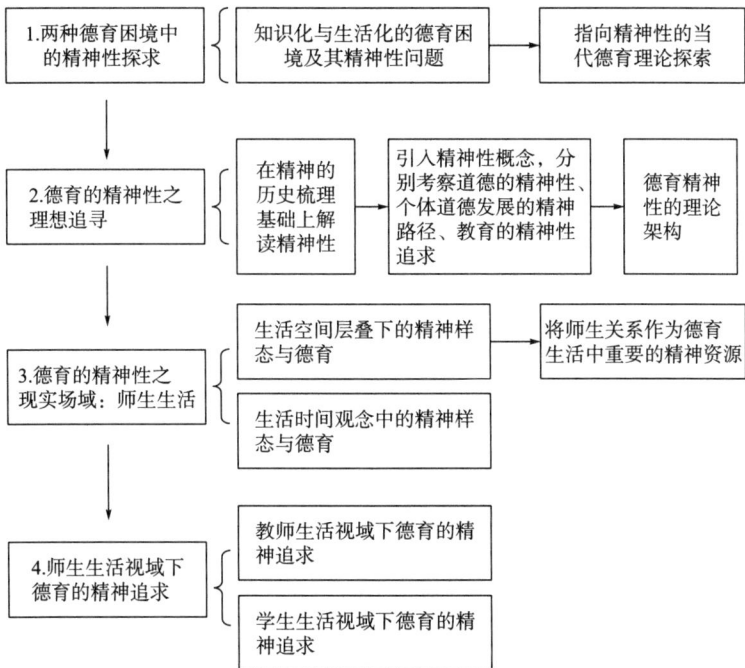

图 1-1　研究思路

第二章

两种德育困境中的"精神性"探求

世界正进入一个"人的世纪",我们现在应当比以往任何时候都更多地考虑:要用什么来充实人的心灵。

—— [苏] B. A. 霍姆林斯基

　　任何理想的种子都埋在现实困境的土壤中，从某种意义上说，理想是人面对现实约制时源自内在的主观想象和期待，是人的主体性表达和追求现实之"可能的向导"。德育理论对德育现实困境的批评和反思、对德育范式的建构，都包含着对德育的价值追求和理想期待，这种追求和期待在当代聚焦为一种德育的精神性探求。

第一节　两种德育困境：知识化与生活化

　　"知识"与"生活"是当前中国学校德育中"见不得又离不得"的两个"冤家"。说它们"见不得"，是因为在德育理论与实践中，"知识"和"生活"作为不同的概念或口号，往往都被归属于德育价值相对立的两个话语系统，但凡德育要谈"知识"，更多地被理解为对"生活"的背弃，而如果德育谈及"生活"，背后大都隐含着对"知识"的批评。说它们"离不得"，是就其本来面目而言，知识与生活又是相互依赖的，知识源于生活并运用于生活，生活在活的知识中得以提升；知识以生活为源泉和归属，生活以知识为动力。事实上，没有生活的"知识"是空洞的、无意义的，它不是真正的知识，而没有知识的"生活"又是肤浅的、混乱的，它也不是真正好的生活。知识与生活在德育中"冤家对头"的关系关联着当前中国学校德育的两种现实困境，即德育的知识化与德育的生活化。

一、德育的知识化及批判

　　中国教育界开始自觉地反思德育的知识化问题，始于 20 世纪 80 年代中后期，至今仍未停止，这种反思有其特定的社会历史背景和现实针对性。纵向看，学校德育课程有其知识倾向的历史继承性，1976 年后，基础教育政治课程重新将马克思主义的三个组成部分作为重要内容，学校德育更多地围绕马克思主义展开一种以知识的逻辑性、系统性为基础的理论学习。此后，在向西方学习的过程中，学校教育过于侧重人的知识学习和记忆、逻辑推理等理性层面的发展，进而失掉对人的欲望、情绪情感、直觉等非理性层面的观照，忽略了完整人格的塑造。同时，社会现代化建设中张扬起来的唯科学主义掀起了对标准、确定性和效率的狂热追求，这对教育产生着持续而深刻的影响。中国教育理论界从 20 世纪 80 年代开始自觉地探讨和追寻教育理论自身的科学性问题①，在教育实践层面，唯科学主义的影响从各种与学生发展和学校教育相关的量表及标准化考试的盛行、对标准分数的崇拜扩展到对教育自身的效率追求。另外，伴随着改革开放和社会主义经济体制由计划经济向市场经济过渡，国家在 1985 年开始了围绕社会主义经济建设培养人才的课程改革，学校德育在社会转型和自身改革的过程中面临着新的价值取向问题，特别是市场经济意识与德育原有精神层面的价值悖论问题②。在日渐高扬的工具理性和社会的唯经济主义浪潮下，学校教育趋向于功利主义，中小学呈现出明显的"应试"倾向。这种功利主义由外到内地渗透于学校德育中，即从所谓"无用"的德育在功利主义教育中的边缘化③到德育在其目的、功能、课程和过程中的功利主义追求④。社会经济转型中出现的社会道德滑坡现象，包括被报道的一些大中小学生（特别是部分学业优秀的学生）的自我伤害事件、失德乃至犯罪行为等，引起社会对学校德育的普遍质疑和反思，德育的缺失问题、实效性问题等在社会层面凸显出来。这在一定层面上暴露出学校德育的问题和弊病，但也在一定意义上为功利主义的德育推波助澜，使得学校德育越来越成为形式化的社会问题的"灭火器"。在唯理性主义、唯科学主义与功利主义共同驱使下的德育不仅是表面的、肤浅的，而且更加狭隘：它不关心德育对个体精神人格的培育和德育过程中复杂的情感体验、心灵触动（即使这是德育更为根本的目的和德育发生的重要标示），甚至用口号化的方式来将其掩盖（因为这些内容既不具有确定性，也不能表现为现实的好处），而是专注于追求在学校特定时间内的那些所谓"看得见"的标准和效率，并且最终将其归属于客观的道德知识、规范和行为条例。于是，学生的道德学习更多地表现为遵守学校、班级的规范和条例，表现为专注于对德育课程的书本知识的记诵，而

---

① 20 世纪 80 年代，中国社会科学领域包括教育领域有一种兴趣专注于以自我确证为目的的元理论研究，比如元教育学对教育学的科学性问题的探讨。
② 鲁洁. 论市场经济条件下的德育价值取向 [J]. 求是，1994 (4)：37-40. 鲁洁. 市场经济与学校道德教育 [J]. 中国高等教育，1995 (4)：15-16.
③ 鲁洁. 边缘化、外在化、知识化——道德教育的现代综合征 [J]. 教育研究，2005 (12)：11-14，42.
④ 檀传宝. 功利主义：中国德育的症候群之一 [J]. 教育理论与实践，1996 (3)：24-28.

对学生的道德评价则狭隘于日常的、量化的操行评分和德育课程的标准化考试的分数。

　　面对这样的社会背景和教育现实，教育学者们从对德育唯理性主义、唯科学主义的反思到对功利主义的批评始终贯穿着对德育的知识化问题的关注与批判。已有的批判至少包含两个不同的层面。首先，德育的知识化问题并不是孤立存在的，而是被放置于德育已有的知识倾向的历史传统，德育的唯理性主义、唯科学主义、功利主义，德育的边缘化、表面化等一系列相互关联的问题中来反思和批评，它作为当代德育的综合征之一，是德育的时代境遇在学校场域内的最终表现。在这一层面，德育的知识化不是单纯地作为一种问题表象，而是有着诸多牵连，映射着复杂的、相互交织的、不同深度的多方面问题；那么，对德育知识化的超越便不是简单地"头痛医头，脚痛医脚"，既需要结合时代背景和社会发展进程中的诸多问题，又必须回到德育的根本或本质来思考。在这基础上的第二个层面的批判，是针对德育知识化本身的批评（也是最为核心的批评），即它将道德转变为知识的性质来进行德育。知识的性质产生于人们对"知识"的主观认识，并随这种认识的转变而转变。在现代社会，只有科学知识被认为是"真正的"知识，它具有三个基本特性——客观性、普遍性、中立性，从而能够揭示和反映事物运动或变化的客观规律[①]；传授科学知识便成为现代学校教育的核心内容。但客观的、普遍的、中立的知识对于主体的人而言，是被抽离的、一般的、外在的、价值无涉的认识对象，它不能等同于道德；道德是内在于人的并且通过人的行为来表达和完成，它作为人的一种生存方式具有主体性、价值性、实践性。因此，可以从对人的道德活动的认识而生成关于道德的知识或观念，但这些知识或观念并不等同于道德本身，德育的根本目的在于培养人的（具有主体性的）道德而不是关于道德的知识或观念。知识化的德育将道德转变为知识的性质，最终使得德育"向学生传输的是被普遍化和客体化了的道德知识，这种知识隔绝时空因素，追寻有逻辑体系的道德知识，追寻抽象的道德概念、规范、规则，它被赋予的是指导道德生活普遍准则的意义。这种知识抽去了具有主体生命表征的内容，它无视人的情感和态度，鄙视直觉与体验，它将活生生的、有血有肉的人放逐出外……根本背离了道德和德育的

---

① 观点引用自石中英于 2007 年在北京师范大学出版社出版的《教育哲学》。

本性，是德育的自我放逐、自我消解"①。

还需要澄清的是，学界关于德育的知识化问题有一些相近的不同表达，比如德育主知主义、知性德育等，基于这些表达的德育反思，都包含上面所讨论的两个层面，但有一点不同：对德育主知主义和知性德育的批评中还包含一个重要的内容，就是将西方以科尔伯格为代表、以道德认知判断能力发展为标准的德育认知发展理论及其教育实践，作为德育的"主知"潮流加以批评②。就西方德育理论与实践的发展而言，这一批评有其合理性，但就 20 世纪 80 年代以来的中国德育实践而言，这恐为无的之矢。科尔伯格的道德认知发展理论及其在教育上的应用在 20 世纪 80 年代末 90 年代初被系统地介绍到中国③，随后才逐渐在教育理论界引起讨论，但这一理论在德育实践领域的中小学并没有普遍或较大规模地推广开来；换言之，道德认知发展理论尚未对我国中小学的德育实践真正产生广泛、深刻的影响。诚然，对这一理论的反思注意到了它将道德认知作为德育的目的而忽略学生的道德动机、情感和行为体验等，但更为重要的是，当前中国德育的知识化问题，尚不及科尔伯格所讨论的道德认知判断发展的高度，中小学德育中更为普遍和根本的问题是学生道德主体性的缺失。在这个问题上，虽然中西方德育的"主知"都是指以道德认识教育为主，但科尔伯格的"主知"侧重于道德思维能力和道德认知判断能力的发展，注重通过对两难困境的分析和讨论提高学生的道德认知判断能力，从而促进学生道德认识的主体性发展；而中国德育的"主知"更多地局限于道德知识的传授和对道德规矩、规范的遵守，倾向于一种灌输式的道德认识教育，学生则处于一种被动的、束缚的接受状态，这不仅体现在当前知识化的德育课堂上，更体现在学校日常生活的行为规范中。这样的知识化并没有很好地发展学生的道德认知判断能力，因为这种能力在科尔伯格的理论中是具有主体积极性的，需要通过思考、讨论、冲突体验等来完成，而当前的知识化德育恰恰缺乏思考、讨论并且回避冲突。

---

① 鲁洁. 边缘化、外在化、知识化——道德教育的现代综合征 [J]. 教育研究，2005（12）：11-14，42.

② 观点引用自高德胜于 2003 年在教育科学出版社出版的《知性德育及其超越——现代德育困境研究》。

③ 在我国心理学界对品德心理的研究中，李伯黍先生较早对皮亚杰的道德认知发展理论作了系统的验证性研究与客观性评价（1978 年起）；教育界主要从 20 世纪 80 年代中后期开始有部分学者陆续翻译、介绍科尔伯格的道德认知发展理论及其在教育上的应用。

二、德育的生活化及反思

面对社会生活的变迁，学者们在对知识化德育的反思中日渐感受到德育与生活的密切关联，感受到人要从他的生活中汲取道德成长和精神发展的刺激源。这一方面源于人们对日益走向精细化、制度化、专业化的学校教育与社会生活相脱离、不能应对社会生活危机的现实认识，另一方面也受到一些批判工具理性和唯科学化倾向的现代西方思潮的影响。早在 19 世纪末 20 世纪初，针对学校教育学科化、知识化等问题，欧美的新教育运动和进步教育运动致力通过课程设计与教育教学方法的革新来增强学校教育与儿童生活需要的关联；美国哲学家、教育家杜威提出教育即生活、学校即社会，认为教育本身就是生活历程而不是生活的预备，学校也是社会生活的一种形式；20 世纪 20 年代，陶行知等人将杜威的教育思想带到中国并加以改造，对当时中国的教育产生了较大影响。这也成为当前中国探讨教育与生活关系的重要的理论源泉，它直接影响了 2000 年以来在民间兴起的一场致力"过一种幸福完整的教育生活"的新教育实验[①]。另一个重要的影响来自胡塞尔的生活世界理论。20 世纪初，胡塞尔针对现代科学发展过程中所产生的一种忽略科学本身意义、忽视人的存在意义的客观主义而提出"生活世界"的概念，以区别于通过科学符号，运用科学思维去抽象、演绎出的理论世界。"生活世界"是指人们直观面对的、用日常思维去思考和整理的、用朴素的话语来表达的世界。他认为科学的动机、力量和意义等都是在生活世界中得以产生与发展的，生活世界是科学世界的意义基础，它却被自然科学遗忘了；由于科学不能解决人生的意义问题，要重新获得为人的意义，就必须向生活世界回归[②]。继胡塞尔之后，理性向生活世界的回归成为 20 世纪哲学的一个重要转向[③]，20 世纪 80 年代末 90 年代初，中国哲学界开始探讨胡塞尔的回归生活世界的思想[④]，教育界也在 20

---

① 朱永新，马国川. 中国教育，从原点再出发 [J]. 读书，2011（7）：17-24.

② 观点引用自埃德蒙德·胡塞尔于 2005 年在上海译文出版社出版的《欧洲科学危机和超验现象学》（译者：张庆熊）。

③ "纵观 20 世纪哲学的发展……一些不同流派的重要哲学家那里，还以自觉的或不自觉的方式发生着一个很具普遍性的哲学转向，即人类理性向'生活世界'的回归，其结果是形成各种显性的或隐性的日常生活批判理论。"参见：衣俊卿. 理性向生活世界的回归——20 世纪哲学的一个重要转向 [J]. 中国社会科学，1994（2）：115-127.

④ 尚未收集到 20 世纪 80 年代中期以前的期刊资料做考察。

世纪 90 年代中后期明确提出回归生活世界的命题①。世纪之交，与知识化的德育相对立，一些教育学者倡导德育要与生活相联系②，胡塞尔关于"生活世界"的观点对德育知识化困境的重要启示就在于，德育应当立足并致力以人的鲜活的经验生活去认识和改造知识化的德育——当时有学者将从生活世界中分化出来的、主要在学校课堂上以知识讲授的方式进行的德育称为"科学世界的道德教育"，认为它必须以生活世界的德育为前提③；学者们进一步提出"回归生活"的德育理念。区别于知识化的德育以知识为逻辑来组织德育教学，"回归生活"的德育倡导以生活为逻辑来组织德育课程，不再将客体化、理论化、普遍化的道德作为道德的主要存在形态，不再完全寄托于依靠知识化的学习来培养学生品德，而将生活视作道德的源泉，将过有道德的生活（不是道德知识的获得）作为德育的根本目的。"回归生活"德育理念的提出标志着一系列德育观念的转变，这一转变也反映在国家第八次基础教育课程改革的小学和初中德育课程改革中。2001 年开始，小学和初中的德育课程改革围绕知识与技能、过程与方法、情感态度与价值观的"三维目标"，确立了"回归生活"的基本理念，协调、整合原有课程（包括品德课、社会课等），在小学低年级开设"品德与生活"课程，在高年级开设"品德与社会"课程，在初中开设"思想品德"课程，均以生活为主题来整合课程内容、组织教育教学；由此，生活德育在中小学德育的实践领域推广开来。

随着新课程改革的推进，一方面，"回归生活"的德育理念逐渐被中小学教师接受和认可，中小学德育也不同程度地关注和实践着德育与生活的关联；另一方面，在一些中小学，旧的德育问题仍未得到实质性解决，课程改革中既存在着所谓"穿新鞋走老路"的现象④——追求功利化、形式化的生活德育，又呈现出新的德育问题，即德育内容的简单化和泛化、德育过程的随意化、德育目的的平庸化等⑤。比如，为了

---

① 较早的探讨见《走出"思想"的"贫困"：教育研究的反思》（刘铁芳，1997）、《论道德教育向生活世界的回归》（张华，1998）、《生活世界理论与基础教育课程改革》（刘旭东，1999）等。
② 2000 年，南京师范大学道德教育研究所（教育部人文社会科学重点研究基地）建所后召开的第一个研讨会议主题是探讨德育与生活的关系，邀请国内外专家学者参与讨论。
③ 项贤明. 回归生活世界的道德教育［J］. 高等师范教育研究，2001，13（1）：47-51.
④ 郭华. 新课改与"穿新鞋走老路"［J］. 课程·教材·教法，2010，30（1）：3-11.
⑤ 李菲. 对德育回归生活世界理念的反思［J］. 教育科学研究，2010（10）：14-18.

回应"回归生活"的德育理念,一些学校在学校生活、课堂生活中积极开展各种德育活动甚至组织学生参与社会实践、研学参观等,这些活动形式上突显出德育与生活的关联,但在活动结束后却缺乏深入的个体化的体验分享与反思,学校往往是在德育活动结束时就立即总结出某种"一厢情愿"的德育效果,而这些活动更多的是以生活之名为德育添加了一件时髦外衣。令人担忧的是,部分学校在极力尝试在德育生活化的过程中,不假反思地加入社会生活中的流行文化元素,试图从德育形式上的文化表达符号到德育内容上的文化价值倾向都呈现出一种现实的社会生活味道;这些尝试与其说是一种回归,不如说是一种迎合,迎合学生乃至教师作为成人本身在生活中追"潮"的心态,甚至以近似于"潮"的方式达到取悦和娱乐学生的效果,并把这种表面的愉悦当作德育中的情感体验①。诸如此类表面化、形式化、简单化甚至平庸化的生活德育是对"回归生活"理念的曲解和误读,原因是多方面而且复杂的,但至少表明一点:关于德育与生活的关系、什么是回归生活的德育、德育如何回归以及回归什么样的生活等根本性命题并没有获得普遍的澄清和共识。

这种模糊和混淆同时存在于德育理论界。自新课程改革以来,"回归生活"的德育理念逐渐获得理论界的普遍认可和推崇并进一步衍生出"生活德育""德育生活化"等概念,学者们围绕这些概念以及如何实现其背后理念等展开了热烈讨论②。"生活化"在当下的德育语境中并不是一个被批判的对象,它被一些学者混淆使用,将其与生活德育、回归生活等概念完全等同。但是,"德育生活化"这一概念本身是值得商榷的,某种意义上,它恰好概括性地表达了实践对回归生活德育理念的误读,代表一种关于道德、德育与生活关系的不恰当的理解。"化"在中文字义里表达一种性质或状态的改变,德育生活化意味着要将道德转变为生活的性质或状态来进行德育。那么,道德与生活是否具备同一的性质或状态?如果将道德视为人的一种生存方式,可以被认为是人的一种生活样态,但道德并不代表生活的全部样态,在道德生活之外,现实地存在着非道德和反道德的生活;生活自然是比道德更宽泛的范畴,有着比道德

---

① 所述两种现象总结于研究者 2009 年 10 月至 2011 年 11 月之间在陕西、浙江、安徽和江苏四省部分中小学走访调研的现实感受和调研日记。

② 有学者对国内的生活德育理论研究进行了阶段划分,认为 2005 年以来是其繁荣阶段,呈现出以"生活德育"问题为中心的研究热潮。参见:张忠华,李明睿. 生活德育:我们研究了什么 [J]. 现代大学教育,2009(4):33-38.

更复杂多样的性质和状态。对新课程所倡导的回归生活的德育、理论界提出的生活德育等作这种"德育生活化"的理解，其实是存在争议的，其首要的焦点在于"回到生活"是指什么样的生活，尽管很多学者都认为应当回到"真的"或"本真的"生活，但对"真"又有不同阐释。一种阐释为"现实的真"，将真的生活理解为现实的、作为事实存在的生活，但这种生活也被批评为"直观、零碎甚至是庸俗的"，将偏离德育的价值目标和不利于德育实施①；对此，另一种阐释为具有本体论意味的"抽象的真"，将真的生活理解为高于现实生活的某种具有理想性的、有条件的、值得过的生活②，这种理解投射出一种道德理想，但它很容易制造出抽象化的生活概念，将人的生活本身所具有的鲜活、复杂、充满冲突与矛盾的一部分过滤掉，回到这种生活的德育会因其只呈现单面美好而显得虚伪。作为前两种阐释的调和，一种更容易为人接受的理解是德育所应回到的"真的生活"是理想与现实、应然与实然相统一的"生活"，它既包含理想的价值立场，同时也观照作为事实存在的生活③。区别于前两者单纯地将"生活"作为客观的德育内容或外部环境，在这个层面，对"生活"的理解走向一种过程性的、动态化的阐释，问题核心也开始发生转变——从回归什么样的生活逐渐转变为如何回归，即通过什么方式来实现德育与现实生活的关联。换言之，谈德育"回到生活"不再纠结于要不要规避复杂的甚至具有负面性的现实生活事件，而是探讨如何使理想的道德价值引导、融入现实的生活过程。在这种语境下，生活化的德育其实表征着那种缺乏反思、不假批判地掉落、陷入现实生活的德育，是德育对生活的一种简单且盲目的回归；而德育所应具有的自觉的价值选择和引导则在这一过程中被消解，德育被泛化为自发的日常生活。

三、 两种德育困境的精神性问题

无论是知识化的德育还是生活化的德育，都背离了德育的本性。面对这两种德育困境，如果一味地强调或排斥流于概念和理念层面的"知识"或"生活"，就容易忽

---

① 耿云云，张忠华. 回归生活德育的本真——"生活"的误解与矫正 [J]. 继续教育研究，2010（8）：147-149.
② 陆正林. 德育回归怎样的生活 [J]. 前沿，2011（10）：20-22，27.
③ 檀传宝. 高低与远近——对"德育回归生活"的思考 [J]. 人民教育，2005（11）：27-28. 檀传宝，班建武. 实然与应然：德育回归生活世界的两个向度 [J]. 教育研究与实验，2007（2）：1-4，25.

略真正的德性是如何在人的心灵中生长、如何得以表现出来以及究竟是什么真正地表征着道德影响的发生等一些更为根本的问题。缺乏对这些问题的深入思考乃至辩论，德育难以对人的知识学习、生活践行与人的道德学习之间的关系获得较好的认识和澄清，也难以超越知识化和生活化的样态。其实，德育真正的困境并不在于它提出或者被冠以怎样的口号，关键是在其口号之下的真实的德育实践是如何展开的——它给学生展现了怎样的道德价值，它用什么方式去打通孩子内在的、主体性的生命价值与外在于学生的德育目标价值之间的连接等。换言之，德育的真正困境存在于围绕着学生个体的、可能时刻发生着的真实的德育过程，存在于贯穿德育过程的真实的道德价值立场以及德育过程中学生主体生命的存在样态。然而，这个真实的德育过程难以确证且不具有确定性，它似乎是一个无法透视的黑匣子——德育或许能有确定的、统一的内容、方法以及评价标准，也可以确认学生在德育过程前后的行为表现，但是它难以明确学生个体在这个过程中真正习得了什么、习得多少，哪些内容真正进驻到他的内心，哪些可能对他产生持续性的影响，哪些又只是停留于表面，哪些成了他的道德意愿，哪些又是他为了迎合外部要求做出的姿态等。这些不能确证的内容恰恰就是学生在德育过程中真实存在的生命样态，它最终影响着德育是否能成其为德育。

　　如此理解，知识化德育最根本的症结并不在于知识学习本身，不能笼统地否定学校的知识教育、反对学生的知识学习，通过知识学习来认识宇宙、自然界和人类社会应是学生主体生命成长的重要渠道；同时，知识与价值也是不可分离的，无论是自然科学知识还是人文社会知识都含有其特定的价值倾向。现在，教育者越来越认识到，即使在学科分化的学校教育中，德育也不仅仅存在于专设的德育课程中，而是同时存在于各个学科课程内，因为不同学科课程中的学科内容与方法都蕴含着特定的道德价值，比如，作为人文学科的外语课程以语言、文字、文化风俗等为主要内容，侧重于情景、交流、对话和语感的训练，它蕴含着尊重、倾听、理解、宽容等道德价值；作为自然学科的物理课程以定律、公式、物理学家、发明等为主要内容，更多采用实验、观察、计算、设计等方法，它蕴含着严谨、专注、理性、坚韧、求实等道德价值[①]。学生在学习这些知识的同时也蕴含着相关的价值学习，问题的关键在于学生是

---

① 朱小蔓. 情感德育论［M］. 北京：人民教育出版社，2005：267.

如何学习这些知识的，他们在学习过程中处于一种什么样的生命样态，知识所蕴含的道德价值有没有通达学生的主体生命价值。同理，生活化的德育并不能假借"德育回归生活"之名而获得合理性，德育确实需要与学生的现实生活相关联，道德成长需要日常生活中的践行，但问题的关键在于德育以怎样的方式与学生的哪些生活内容相联系，学生在道德实践中能不能感受以及感受到哪些真实的自我价值，德育与生活关联的过程中有没有道德价值的引导，它又是如何体现的。在这个层面，德育的困境已经超越了"知识"与"生活"的对峙，虽然真实的德育过程及学生内在的生命样态具有不确定性，但这并不意味着不能对它进行反思并在反思中接近。无论知识化还是生活化的德育都缺乏过程性的德育自觉与反思，不关注外在道德价值与学生主体生命价值的融通，不关注学生个体内在的生命样态和学生真正的德性发育，不关注学生自主的道德生命的发展，难以培养出具有真正自主意识的道德人。

（一）知识化的德育与客体化的精神

知识化的德育有一个重要的表征，就是它往往以一种灌输的方式来完成，这主要与传统"德目"教学的影响有关。所谓"德目"，是指具体的道德条目，它是人们在基本的伦理关系和复杂的社会关系中提炼总结出来的基本道德准则与要求；对"德目"进行逻辑的、系统的论证，或进行日常言行的具体阐释，便生成道德知识或规范体系。可以认为，"德目"与道德知识体系是主体道德的一种客体化的表现形态，它本身体现人类对其自身活动的道德反思和追求。"德目"之存在是德育得以发生的重要基础，但它在专设的德育课程中逐渐演化出一种"德目主义"，即把经过选择的道德观念、规范开列出目录并逐步加以讲解和训练，以确保在儿童身上能够培养出相应的德性。科尔伯格将这种德育形象地比喻为一个"美德袋"（a bag of virtues）式的德育，认为这种说教式的道德教学对其所设想的道德品格并没有什么影响，"美德袋"式的德育是无效的[①]。传统"德目"教学式的德育过于专注于客体化的道德条目和知识，就容易忽略学生主体的生命需要，"客观外在的知识对象与学生当下正在进行的生活无法发生意义联系，学生无法产生学习的动机和热情，教师也只能将这些德目当

---

① 观点引用自戚万学于 1995 年在山东教育出版社出版的《冲突与整合——20 世纪西方道德教育理论》。

作对象性知识来教授、灌输，只能借助背诵、考试和其他因教师的优越地位而获得的权力来进行强制性学习"①。

在这种灌输式的道德教学过程中，无论教师还是学生个体都难以觉察到各自鲜活的自我生命，都难以发生自觉的自我感受和感动，因为，这个过程更多地呈现并且专注于一种被客体化了的类的道德精神，人的内在主体性被压抑——客体化的精神束缚和主宰了主体。在这种束缚中，没有活生生的个体，没有个性，没有主体性的精神伸展，自然也难以发生内在的道德觉悟和感动，个体更多的是接受和顺从，但在顺从中不会生成主体（对自身而言）和创造（对外物而言）。进一步说，知识化的德育确立了一种顽固的道德权威，这种权威先于并且绝对高于学生个体，教师也要服从它、为它代言，而它则预设了一条个体道德成长的、"演绎式"的路径：不仅代表社会基本道德价值的"德目"，还包括对这些"德目"的理解和阐释，都是先于个体的既定的"结论"，个体的道德学习主要是将这些"结论"通过多样的道德例证推理、演化进而加以确认、信奉和服从。同时，权威作为一种客体化的精神的体现，具有"强迫性的客体性"，"它不意味着主体对主体的作用"，在道德权威下，教师成为一种被动的传播工具，难以引导师生之间、生生之间展开内在的、深层的交往，学生个体的主体精神性过程也很难在德育过程中展开，因为这里没有不确定的东西以及允许质疑与变化的心灵空间。相反，正如别尔嘉耶夫所言："人在自己的弱点里寻找权威……权威恰好使人封闭于自身之中。把某种东西理解为是从外部发挥作用的客观性，就意味着封闭性和没有能力超越自己。"② 接受和顺从一种道德权威，学生可能获得的不是真正的个体化的道德自主性、超越性，也难以生成自我的主体道德价值，而这种对客体化的道德权威的学习可能会产生这样的结果：德育可能暂时培养出在行为上表现出顺从性的学生，但是当所选择的"道德权威"不能直接解释和应对个体鲜活的、复杂多变的生活情境时，它的可靠性就会遭受质疑，由于学生没能很好地发展具有主体意识的道德自觉能力，他们更多只能在质疑中简单否定而非超越，"道德权威"便会被其他一些德育未选择甚至反对的行事经验所取代。

---

① 高德胜. 知性德育及其超越——现代德育困境研究 [M]. 北京：教育科学出版社，2003：26.
② 别尔嘉耶夫. 精神与实在 [M]. 张百春，译. 北京：中国城市出版社，2002：56-57.

（二）生活化的德育对精神冲突的漠视

强调道德与生活的关联，使道德成为学生生活中的具有社会性、主体性的认识、体验和实践对象，这是为了克服知识化德育只专注于客体化精神而忽略学生的主体精神性的弊病。但是，回归生活的德育不得不直面另一个棘手的问题，就是现时代人的精神生活和精神状况。现时代的社会价值导向是有其道德悖论的，生活化的德育恰恰忽略了这一点，它关注德育是否具有生活化的形式，却在这种形式中混淆德育应有的价值立场，甚至避免触及道德的崇高价值和理想层面，似乎因为其不具有生活的现实性就与生活毫无关联；它几乎完全遵从一种生活的随意性、自发性。因此，生活化的德育在面对现时代的精神状况以及人在精神生活中的缺失时，所呈现的是一种接纳和随从而非质疑和改造的姿态，它因此显得过于简单且盲目，并在生活化的过程中消解了德育所应有的自觉性和超越性。

事实上，现代生活本身的道德性是遭受质疑的，人们的物质生活遮蔽了精神生活，价值相对主义、价值实用主义、价值虚无主义等影响着人的精神样貌。"市场的金钱逻辑成为生活本身的逻辑，物欲主义以一种前所未有的压倒性优势价值观，主宰了中国人的日常生活。外国学者将之称为暴发户式的'没有灵魂的物欲主义'（soulless materialism）。"同时，"在日常生活中，普遍地违背公共道德和公共规范，并不意味着公众普遍地丧失了道德的感觉，而只是他们将价值相对化和实用化了。在当代中国，价值相对主义背后的道德正当性，是建立在价值实用主义基础上的"[①]。在普遍的价值实用主义氛围中，人们渐渐习惯按照多重价值标准来生活。更令人担忧的是，"在当代中国一部分价值虚无主义者那里，连价值和道德本身也被唾弃了"[②]。在这种时代精神状况和社会生活背景下，用一种回避道德理想的崇高和神圣性的态度、一种掉落于或陷入混杂的日常生活的方式来进行德育是危险的、需要质疑的，因为德育回到生活事件中是要面对事物的复杂性的，是有挣扎的，是充满矛盾和冲突的，如果不能承认道德在其超越层面所具有的崇高、理想性乃至神圣性，缺乏具有深刻自觉性和反省性的、不断交流和对话的价值引导过程，德育便会失去方向、随波逐

---

① 许纪霖. 读书人站起来 [M]. 北京：中国人民大学出版社，2011：7, 18.
② 许纪霖. 读书人站起来 [M]. 北京：中国人民大学出版社，2011：19.

流甚至被生活淹没。

生活化的德育回到生活的事实本身，但它不是由德育来引导学生对生活的认识，而是由生活事实来牵引德育活动；它不知道如何帮助学生去辨认、反思和批评生活本身，而是在简单化、随意化甚至平庸化的德育过程中混淆道德价值；它不是对生活的一种带有批判性的回归，而是一种迎合乃至顺从性的回归。然而，这种回归本身也意味着一种道德态度、生活态度，意味着德育只承认生活是道德学习和发展的源泉，但不承认它也是道德反思和改造的对象。在生活化的德育过程中，可能有表面化的即时感官感受和肤浅的体验，但没有发生反思性的体验和具有持续影响的情感震撼，自然也缺乏改造生活的意义思索；学生仍然没有唤醒真实的、现实的主体性，没有展开个体的内在精神性过程，难以触及道德的自我问题，因为学生也只能陷入生活中，缺乏理想的高度，未能形成自我的道德理想与现实生活的张力，没有矛盾和冲突，自然也感受不到直逼现实的自我的内在挣扎。可以认为，停留于简单化、随意化和平庸化的生活化德育，漠视道德所应有的超越性，它在回避现时代精神生活矛盾的同时，也回避了学生个体内在的精神性矛盾。这不但无助于培养学生自主的道德意识，更是德育在其理应坚守的精神阵地的溃退。

第二节　指向精神性的德育理论探索

正如前文所言，德育真正的困境存在于贯穿德育过程的真实的道德价值立场以及德育过程中学生主体生命的存在样态，德育理论与实践应当致力过程性的道德自觉与反思，关注德育过程中的活生生的人。早在 19 世纪末 20 世纪初，那种以社会为中心、以教师为中心而忽略学生个体存在的，直接传授特定内容，只注重学生对具体道德知识的汲取与记忆而忽略学生对道德的主体选择的传统德育已经遭到严厉批评；20世纪 60 和 70 年代，道德认知发展理论、价值澄清理论等相关德育策略与方法的提出、争论，比如价值澄清学派的"澄清反应法"、科尔伯格的"道德讨论法""公正团体法"等，恰是对学生在个体道德发展过程中的主体性的发掘。它们都体现出这样一种倾向：希望能让学生在道德学习的过程中逐渐获得一种自我的、清晰的主体道德，而不是一种外在的、强加的、不清晰的道德原则。遗憾的是，价值澄清理论陷入价值相对主义的泥潭，将个体的道德发展局限于纯粹个体化的价值选择，无助于个体内在的道德生命向外延伸；道德认知发展理论则将人的道德主体性局限于人的主体性的道德认知判断，将传统德育对客体化道德知识的专注转向一种主体性的道德认知，忽略了人的情感层面在个体道德发展中应有的价值和作用。可以认为在德育过程中，价值澄清理论所关注的其实是单子式存在的人①，而道德认知发展理论所关注的只是人的道德思维，它们都忽略了人在德育过程中的完整性的存在。20 世纪 80 年代以来，德育理论（特别是中国德育理论）开始有意识地在德育过程中寻找具体的、鲜活的、充满生命脉动的完整的"人"，这种寻找具体体现为德育的理论探寻开始针对时弊和人在精神层面的缺失，去挖掘那些有助于人的完整的精神发育的德性要素。

一、"关心"的德育

20 世纪 80 年代，西方掀开一种以女性视角来探讨人对自我和道德建构的"关心伦理"（care ethics）② 的思潮，以诺丁斯为代表的一批学者开始在理论上探寻致力"关心"的学校教育。区别于以往在西方理性主义传统下将道德视为一种权利的等级制结构的、强调权利的平等与公平以及通过逻辑推理分析来判断和选择抽象的道德原则的"公正伦理"③，关心伦理将道德视为一种网络性的关系结构，强调人际间的关心和爱，强调道德问题的现实情境和道德直觉等因素对道德选择的影响。同时，区别于将关心视为关心者拥有的一种美德——"在这种观念下，关心者往往觉得他们知道要关心的人的利益是什么……从来不认真地倾听他们要关心的人的心声"④，关心伦理强调关心的关系性，强调关心者与被关心者之间的一种关系以及双方在这种关系中处于同等重要的地位；在关心伦理中，关心关系是第一位的，关心的美德是在这种双

① 现代社会中，与以物的依赖为基础的人的独立性相适应，人彼此分离、对立，人与人之间不存在任何内在联系而只能凭借外在的契约生存在一起的存在，称为单子式的存在。
② 关于"care ethics"一词，一种翻译为"关怀伦理"。于天龙在诺丁斯的理论中将其翻译为"关心伦理"，他认为 care ethics 强调的是一种平等互惠的人际关系，"关心"可以表达这种关系，而"关怀"却不能，本书赞同于天龙的观点。
③ 吉利根在《不同的声音——心理学理论与妇女发展》（1982）一书中批评了弗洛伊德、埃里克森、皮亚杰和柯尔伯格的理论，提出并区分了"关心伦理"与"公正伦理"，其中，"公正伦理"指以柯尔伯格等人为代表的道德发展理论。
④ 诺丁斯. 学会关心：教育的另一种模式 [M]. 于天龙，译. 北京：教育科学出版社，2011：3-4.

向关系(而不是单向行为或意愿指向)中自然发展的。诺丁斯指出,关心关系是关心的双方之间的一种接触和交流,在这一过程中,关心者与被关心者的角色可以互换。在关心关系中,关心者的心理状态显示出专注和动机移位。其中,专注意味着一种全身心的投入和接受,是"关心者对被关心者的那种开放的、不加选择的接受⋯⋯当我真正关心一个人,我就会认真去倾听他、观察他、感受他,愿意接受他传递的一切信息";动机移位则是指关心者在了解对方的需要之后,生发出要帮助对方的愿望,是"一种动机能量流向他人的过程"①;在关心者实施关心行为后,被关心者的心理状态则显示出接受、确认和反馈,这是对关心的一种确认,也是关心关系得以实现和维持的必要条件。不难发现,诺丁斯所强调的关心首先是处于关系中的一种生命状态,而不是一套具体的行为方式。

从关心伦理出发,诺丁斯强调在教育中"活着的人永远比任何理论更重要"②,即教育过程应当首要关注和围绕"活"的人的"活"的状态,她反对并批评教育实践中对教育理论和实践模式的生搬硬套而忽略学生的真实需要。她认为,教育首先要关心和知道学生真正想要学什么,需要教师去发现学生真实的兴趣和热情,需要在师生之间建立一种关心关系;学校应当营造一种道德的教育方式和关心的情境氛围,培养在生活中懂得关心的人——懂得关心自我,包括关心自我的物质生活、精神生活、职业生活以及娱乐生活等,懂得关心身边的人、关心陌生人和远离自己的人,懂得关心动物、植物和地球,懂得关心人类创造的物质世界、关心知识。因此,关心伦理观照下的德育将道德动机而不是道德推理放在第一位。德育包含以下四个主要组成部分:①榜样(modeling)。诺丁斯认为榜样在德育过程中很重要,"我们无需告诫学生去关心,我们只需与学生建立一种关心的关系,从而来演示如何关心"③。她还认为学生有多少被关心的经历将会影响他们关心他人的能力。②对话(dialogue)。诺丁斯反对德育过程中的虚假的对话,"作为父母或教师,我们不能先作出了决定,然后才来与孩子们对话。例如,一个表现得极其通情达理的成年人来和年轻人对话,可是这个人

---

① 诺丁斯. 学会关心:教育的另一种模式 [M]. 于天龙,译. 北京:教育科学出版社,2011:31.
② 诺丁斯. 学会关心:教育的另一种模式 [M]. 于天龙,译. 北京:教育科学出版社,2011:6-7.
③ 诺丁斯. 学会关心:教育的另一种模式 [M]. 于天龙,译. 北京:教育科学出版社,2011:37.

对什么都不肯让步，他说：'我们将要这样做，我来告诉你这样做的原因。'"① 她强调真实的对话是双向的、开放性的，对话的过程是双方共同追求理解、同情和欣赏的过程，是一种真实的未决定的探寻过程，它允许双方表达各自的心声、追问"为什么"。这样的一种对话过程，也才可能建立一种充满关心的人际关系。③实践（practice）。诺丁斯认为关心的实践活动是形成人的关心的经验、培养人的关心能力的重要方面，但她反对给学生的关心行为进行打分评估，她认为这样做会使学生的注意力从被关心的人或事物转向他们自己。④求证（confirmation）。诺丁斯强调求证的过程是对学生行为（无论是好的行为还是不好的行为）的最可能与其真实情况发生联系的动机加以确认，它需要建立起具有连续性的信任关系，而不能成为一种形式主义或功利主义的策略，"它是建立在一种深刻关系之上的爱的行为"②。

二、"超越"的德育

20世纪80年代以来，鉴于西方现代化的道德危机的悖论，面对中国社会转型中出现的社会道德滑坡现象和人们在物质追求中的精神迷失，鲁洁在以"人"为逻辑起点的道德教育哲学基础上，追求和坚持德育所应具有的"超越"本性，引领着中国德育理论发展的价值方向。

德育的"超越"源于人的道德自身的"超越"本性。鲁洁指出，人面对着两个世界："一个是现实世界，它由现存的一切事物以及它们之间的相互联系所构成；另一个是可能世界，它是以事物可能存在的状态呈现于人的精神、思想之中……是人对世界的一种把握方式，也是人对现实的一种理解。"道德作为一种精神活动是对可能世界的一种把握，因此，道德具有超越的本质，德育尽管要受到物质条件和现实生活的制约，但其要旨"不在于使受教育者了解现实生活中人们的行为是怎样的，而在于使他们掌握：人们的行为可能是怎样的？应该是怎样的？道德的理想是什么？人何以接近这种理想？"③ 德育本身包含着某种超越现实的道德理想，并最终指向对现实生活的超越。换言之，德育不是教人顺从现实生活、复制现实关系，而是要引导人去追求

---

① 诺丁斯. 学会关心：教育的另一种模式 [M]. 于天龙，译. 北京：教育科学出版社，2011：37.
② 诺丁斯. 学会关心：教育的另一种模式 [M]. 于天龙，译. 北京：教育科学出版社，2011：40.
③ 鲁洁. 道德教育的当代论域 [M]. 北京：人民出版社，2005：35-36.

某种精神境界，培养人能够反观乃至质问现实的道德能力并形成与之相适应的行为方式，引导人去过一种可能的、有意义的生活。

区别于宗教式的灵性对肉体的超越，也区别于整体主义对个体的超越，这种追求"超越"的德育中有着现实的"活"的人，是以活生生的人和人的向善之心为出发点的。人的本质是一种关系性的存在，每个人的自我存在都只有通过他者的存在而呈现并获得确证。鲁洁考察了历史进程中人的关系性存在的不同的现实形态，提出自古以来人在其社会关系中的"整体性的存在""单子式的存在""共生性的存在"及其相应的德育形态。其中，建立在"整体性的存在"之上的德育以整体主义为基本取向，它反对人的自主的独立性人格，通过对人的约束和强制灌输来建构一种服从性的、恪守本分的人格，鲁洁指出我们至今尚未能完全走出这种整体主义的德育范式。"单子式的存在"是指现代社会中与以物的依赖为基础的人的独立性相适应，人彼此分离、对立，人与人之间不存在任何内在联系而只能凭借外在的契约生存在一起的存在样态；"单子式个体只把自身作为唯一的目的，其他人都是实现自我目的的手段……他的自我意识和自我确认只能是建立在感觉的基础上，凡是通过感官无法经验到的都被否弃……任何终极价值和意义都被虚无化"①，在这种人学观下，道德完全成为个人领域内的事，德育也失去其应有的价值导向，成为没有道德的德育。在前两种人学观的基础上，鲁洁提出"共生性的存在"，认为应当超越整体性的人和单子式的人，将共生性的人作为德育乃至教育的起点。她指出，在信息化、全球化背景下人的生活方式发生着很大转变，人与人之间的关系不再由"在场"所限定，而呈现出"在场"与"缺场"的交叉，"每个人可以跟地球上任何地方的任何人发生即时的联系，形成某种关系，这种关系完全可以是自主的、自由的……双方的相互作用是动态的、建构性的……它表明，在人与人之间一种生死与共的生存结构正在逐渐形成"②。德育应该帮助个体看到自我与他人、群体之间的内在联系，引导个体在与他人、群体的积极互动中发展共生关系。

因此，"超越"的德育并不把人看作是静止的、孤立的生物实体，而是将人置于

① 鲁洁. 道德教育的当代论域［M］. 北京：人民出版社，2005：55-56.
② 鲁洁. 道德教育的当代论域［M］. 北京：人民出版社，2005：58.

动态的社会生活的关系网络之中，认为人要在生活实践中不断地与他人、他物等发生关联和相互影响，生发内在的自我意义，在这一个动态的过程中不断生成并表现出自己的新道德面貌和精神状态。在这个意义上，"人就是他自己生活建构的结果"，"超越"的德育"不是将人之至善追求诉诸孤立的人性改造，而是奠基于现实生活的改变"，是要引导人的现实的生活建构①。在这个层面，鲁洁强调德育要帮助学生学会关注、反思生活和改变生活。关注生活，不仅是要关注生活的事实，还要关注生活事实的生活意义，这样的关注不仅仅是知性、理智层面的，还涉及人的情感、体验和内心的愿望，它需要个体敞开内在的精神世界。在反思生活中，学生需要学会将已有的生活经验"置于一种被'探问'的位置和状态"，这有助于训练人对生活的洞察力，使人能够透过现实生活去寻求一种可能的生活。同时，对生活的关注和反思都指向现实生活的改善，它既包括对实存的生活关系的改善，也包括对内在的、真实的生命样态的改善②。其实，德育中这种关注、反思和改变的行为本身就表征着个体内在的、超越性的生命样态，是人在其生存适应性之上应对生活所应具有的道德自觉。

三、"情感"的德育

19 世纪末 20 世纪初，受现代西方非理性主义思潮的影响，人的情绪、情感层面的存在样态受到普遍关注；20 世纪 60 至 80 年代，情绪心理学、脑科学与神经科学等领域对人的情绪、情感研究的持续推进，为教育领域关注人的情感层面提供了重要的理论依据；20 世纪 80 年代末以来，朱小蔓基于现代教育在人的情感层面的失落，对情感与人的发展（包括人的道德发展）、教育之间的关系以及在学校层面如何开展情感教育、情感德育等问题进行了系统的、深入而持续的理论研究并影响着德育实践。

区别于心理学趋向基于个体的生理层面理解和探究人的情绪情感，将其看作是人在生命活动中的生理激活、内在体验和外显表情等特殊形式的复合反应过程，朱小蔓从教育学的价值立场出发，认为"情感"的概念源于又不限于心理学的理解，它在共时上是人的整体生命状态的一种表征，"包含着人的情绪基调、情绪表达方式、情趣

---

① 鲁洁. 道德教育的根本作为：引导生活的建构 [J]. 教育研究，2010 (6)：3-8, 29.
② 鲁洁. 道德教育的根本作为：引导生活的建构 [J]. 教育研究，2010 (6)：3-8, 29.

爱好、情感体验性质与水平、价值倾向，乃至人格特征、精神情操等"，而在历时上则"标志着人的情感发展的连续体"①，有其自身的发展链条，包含着具体的、开放的、不断丰富与扩展的社会性内涵和意义。在此基础上，人的情绪、情感被看作是人类精神生活中最重要的组成部分，是人类行为经验中最亲近、最复杂的感受和体验，它在个体的道德发展中具有特殊地位。一方面，情感具有工具性价值。人的情绪情感作为人的机体的一种能量，对个体的道德发展有相应的作用机制，比如，情感对个体道德认知的内驱放大机制、对道德评价的震荡机制、对道德价值的享用保健机制等，这些作用机制对于生成个体道德意愿、促成个体道德行为具有积极作用。另一方面，情感具有本体性价值（这在以往的教育理论与实践中往往被忽略）。"情感"的德育认为人的情绪情感作为人与生俱来的一种"基模性的质料"②，是个体的生命资源，构成个体道德发展的基础性、内质性的材料；道德认知判断的发展、道德行为的养成过程本身就是个体道德情感不断充盈、丰富和获得新质的过程，个体道德情感的发展水平本身就标示着个体道德发展的水平。因此，德育不仅要关注学生个体在德育过程中的情绪反应、情感体验，有意识地引导他们进行情绪情感的自我调控进而形成相对积极的、稳定的情绪反应模式和情感能力，还应当关注学生个体的情感层面如何在德育过程中不断产生新质，从内在的自然性、基础性情绪情感不断丰富和扩展为社会性、道德性情感。在此基础上，"情感"的德育进一步提出应把人的情感发展作为德育目标来建构，在其内容指标上，主要包括现代人所面对的五个层面的道德关系（即人与自我、他人、社会、操作对象、自然之间的关系）中所蕴含的情感品质；在功能指标上，主要是对人的情感能力的分解，如移情能力、情绪辨认能力、情感调控与表达能力、体验理解能力等；在时序指标上，主要依据个体的生命成长的轨迹和情感发展的内在规律，在不同年龄段和教育阶段把握不同的、关键性的情感品质。

"情感"的德育认为人的德性的生成是以情动体验为基础、以情感-态度系统为核心的，但它并不排斥认知因素对个体道德发展的积极作用，它注重情感与认知的相互影响、促进和发展，反对只重视道德认知进而遮蔽甚至阻碍人的情感素质层面的发

① 朱小蔓. 情感德育论 [M]. 北京：人民教育出版社，2005：63.
② 朱小蔓. 情感教育论纲 [M]. 北京：人民出版社，2007：5.

展。区别于认知教育的过程，它认为人的情感经验的变化经过了情动-感受、体验-理解、价值体系化-人格化三个相互联系、过渡的过程①。在此基础上，"情感"的德育强调应当把德育过程本身作为人的情感交往的过程，注重人在德育过程中的情感性体验。朱小蔓认为德育过程中的情感交往应当具有三个层面的基本的效应特征：第一，学生个体在其生理-心理层面应当获得安全感；第二，学生个体在其社会-心理层面应当获得共通感，这是由人对某种道德现象有相似的解释或理解而产生的共鸣性的情感体验；第三，学生在其精神-文化层面应当获得道德崇敬感与自我的道德尊严感②。这三个方面的特征意味着德育过程中人与人之间关系的质量，也意味着德育的有效性。在德育过程中，师生关系是一种重要的人际关系，德育的情感交往的过程需要师生形成真实的情感交往关系，需要形成相应的"情感场"，而教师的人格素养和情感能力水平、学生的情感经验积累等都直接影响着师生的情感交往状况。对此，"情感"的德育将教师内在的、情感化的人格（而不仅仅是客体化的道德知识）作为影响学生情感经验和道德发展的重要因素，关注教师自身的情感素质和精神世界并将其视为教师的专业性的表现，换言之，教师的价值观、人生态度和个性气质，教师情感交往的技能如观察力、敏感性、倾听品质、表达与调节能力等都被看作教师所应具备的重要的情感素质和专业化发展要求③。

四、"审美"的德育

20 世纪 90 年代以来，面对中国社会转型过程中凸显的在社会精神文明建设、社会精神需求以及全球普遍性的人的"终极关怀"三个层面的"精神饥渴"，针对德育理论与实践中的功利主义危机，檀传宝在其德育理论研究中展开与美学的深层交叉进而提出一种"德育美学观"，它注重"美"在个体道德成长、德育乃至全部教育中的精神性价值。区别于以往的教育美学仅仅强调通过教师言行、教育活动、教育过程、环境的美化来增强教学效果，即"以美为工具、以教育效果为目标的特征"，"德育美学观"首先追求一种德育理想、伦理精神，"试图以教育美的建立去提升教育及其对

① 朱小蔓. 情感教育论纲 [M]. 北京：人民出版社，2007：141.
② 朱小蔓. 情感德育论 [M]. 北京：人民教育出版社，2005：55-56.
③ 朱小蔓. 创建情感师范教育 [J]. 江苏高教，1994 (3)：39-41.

象的精神境界,使教育活动本身成为一种人生境界达成过程,使教育活动的主体和对象都在人生上实现超越"。它致力通过审美、立美的德育过程找回时代所需的道德信念和精神,"让德育活动演变成教学双方作为人类个体对于美在伦理道德上的深厚积淀产生惊叹、钦佩和愉悦的审美过程"[①]。

"德育美学观"一方面批评传统社会本位的德育对人的主体性的遮蔽,这种遮蔽体现为对学生和教师双方的主体性压制,使得双方在德育过程中都是被动的、工具性的,师生都成了社会道德传播(或者说复制)的工具;另一方面也批评20世纪以来西方在弘扬主体性中对人的主体性的片面的、绝对化膨胀,这种膨胀割裂了主体与客体化精神的关系,也最终导致主体的精神危机。在此基础上,它强调德育应当回到人的主体性的现实形态。主体性的现实形态是人的主体性"经过辩证性的否定实现了复归,是一种融通了主客体,综合理性非理性,实现了'向外驰骛'和向内观照统一的真实和具体的形态"[②]。因此,德育既要观照人的相对独立的内在主体性,又要以主客体相统一和交融为前提;德育过程中既要有人的理性层面的参与,又要有非理性层面的渗入。这样的德育过程如何展开?首先,"审美"的德育认为可以将审美活动作为德育的中介,因为在审美活动中人内在的不和谐或能力不足都可能通过美而被排除,从而使主体以一种完整的状态呈现,这意味着"人类的理性的道德规范在感性的个体身上有了存在的心理前提,同时也就可能通过审美活动所调动的情感机制使道德学习主体由道德认知走向道德信念和实践"[③]。这一过程中,个体的需要、情感和直觉被认为是德育的核心地带,是生成主体道德信念的重要条件,也是"审美"的德育能有所作为的最明显的方面,因为个体的道德需要与审美需要作为人类的"超越性需要"(马斯洛语)是相互渗透的,审美有助于唤醒和增强个体的道德需要,使德育进入个体的内心,同时,主体的情感体验贯穿整个审美过程,审美及审美过程中的情绪情感活动可能化育出道德情感、培育道德直觉能力。其次,"审美"的德育认为德育过程应当展现审美精神、体现美的法则,这区别于纯粹的审美过程,是一种包含着审美的立美过程。其中,"自由"作为沟通审美活动与道德生活的一种重要特质,有着

① 檀传宝. 德育美学观 [M]. 太原:山西教育出版社,2002:30-34.
② 檀传宝. 德育美学观 [M]. 太原:山西教育出版社,2002:67.
③ 檀传宝. 德育美学观 [M]. 太原:山西教育出版社,2002:148-149.

不同于道德价值的审美价值，是用审美改造德育过程的重要元素。德育过程应当体现出"自由"的气质和境界，比如，在德育内容的呈现形式上让学生"许诺自由"，要真实地体现出道德文明的智慧美、道德人格的形式美、内容呈现的技术美；在德育活动展开过程中师生双方都能真正地"施展自由"，教师能将德育内容化静为动地来影响学生，而学生也能够自主地、主动地将德育内容作为操作和实践内容①；同时，德育过程中师生双方都能展开对自身的活动形式的欣赏，能够从已有的德育形式中真实地感受到德育本身的魅力，使之成为师生双方内在的、持续稳定的德育经验。

"审美"的德育关注教师自身在德育过程中的审美化改造，它将"师表美"作为德育过程审美化的重要前提。"师表美"主要由"表美""道美"和"风格美"三部分构成。其中，"表美"是指教师外在行为方面要体现美，主要包括教师作为普通人的言行举止和作为教育者的特殊的社会角色的讲台形象，这两个方面相互渗透；"道美"则指教师在其内在的精神人格层面，应该有真实的美的道德人格形象；"风格美"是由教师的"表美"和"道美"两个方面合成的完整统一的"师表美"的形象，不同形式的"表美"和"道美"会合成不同的"风格美"，比如，当教师身上所体现的"道美"多于"表美"时，"质朴的形象中师表的精神内涵微显但厚重"，就会生成一种"崇高"的教师形象，而当"教师的道美恰到好处地在其外在形象（表美）中显现出来"，学生就可能感受到一种"优美"风格和优雅的道德生活②。在"审美"的德育中，"师表美"其实为教师形象确立了一种道德的精神人格形象，一种为师者的善的标准。

五、 当代德育理论的精神性趋向

从"关心""超越""情感""审美"的德育中不难发现，当代德育探索具有更强的理论自觉性，德育的理论探讨是建立在更加广泛的学科基础之上的，学者们有意识地从哲学（特别是道德哲学、人学、美学）、心理学、脑神经科学等众多学科领域的新进展、新发现中汲取德育的理论养料。德育理论是在一种较为开阔的视域中生发出

---

① 檀传宝. 德育美学观 [M]. 太原：山西教育出版社，2002：181-206.
② 檀传宝. 德育美学观 [M]. 太原：山西教育出版社，2002：211-220.

来的,它更多源于对德育乃至教育现实、时代困境的焦虑,致力完整的"人"的发掘和培育,体现出理论自身的价值立场、理想追求和人文关怀。尽管这些德育理论从不同的理论视角对德育目标、内容有具体的不同构想,对德育过程的展开有不同层面的探讨,但是,从它们各自对理论观点的阐释和对实践模式的建构中仍然可以窥见一些共同的理论旨趣,聚焦为一种精神性的趋向。

第一,这些理论在根本上指向现代社会的人在其精神层面的缺失,明确德育应为个体的道德成长提供精神层面的价值导向,应有一种精神性的引导。"关心""情感""超越""审美"是人的内在精神性在不同层面的表达,当代德育理论是要在这些表达中逼近人的内心、人的精神从而真正地培育出人的德性。面对时代的精神困境以及学校教育实践在其培养人的根本宗旨上的偏离,"关心"的德育强调学校要关心学生的真实需要,要培养在生活中懂得关心的人;"情感"的德育观照人在其情感层面的存在,强调学校不仅要发展学生的情感能力,还应当引导学生不断丰富和扩展自身的情感经验,最终生成道德情感和道德情操;"超越"的德育和"审美"的德育则高扬人在其精神层面的理想追求,强调学校要引导人学会过一种可能的、有意义的生活,使人懂得追求更高的人生境界(精神境界)。

第二,当代德育理论关注"人",在其根本层面是关注人的心灵,关注人内在的精神样态,关注人的德性在精神层面的表达。比如,"关心"的德育把道德动机放在第一位,致力人要从伦理意义上的关心走向自然的关心,即某种道德行为更多的是出于具有主动性的"想做"而不仅是义务性的"应该做"。在此基础上,德育所观照的是完整的"人",这种对完整性的追求主要体现在内、外两个方面。对内方面,它指向人内在的精神层面的诸要素在德育过程中的关联、耦合以呈现其整体效用,比如,"审美"的德育重视人的需要、情感和直觉对于生成道德信念的作用,强调通过审美活动来实现人的理性与非理性的和谐统一;"情感"的德育强调情感与认知的相互影响、促进和发展,注重以人的情动体验为基础、情感态度系统为核心来统摄人的德性生长。对外方面,它指向人在社会生活中的一种能够和谐共存的关系性存在,比如,"超越"的德育以共生性的人为起点,强调人要在与他人、他物的不断联系中生成意义和价值,在对生活的反思和改造中建构共生关系。与此同时,当代德育理论关注德育过程中所有人的内在精神样态,不仅是学生个体和群体,还包括作为生命主体的教师。比如，在"关心"的德育中，教师应该成为一个真正的关心者，必须敞开心扉接纳他的学生；"情感"的德育强调教师自身的情感素质和精神世界；"审美"的德育为教师确立了"师表美"的精神人格形象。

第三，在当代德育理论中，除了关心、超越、情感、审美的概念之外，作为对德育理念的阐释，一些更深入具体地表达着人的精神层面的概念或内容共同突显出来——主体（性）、关系（性）、创造（性）、敏感（性、度）、自觉（性）、自由、意义（感）、反思、体验等，这些概念的内涵或内容彼此关联并且具有内、外双向的表达对象。比如，人作为道德主体，其主体性向内表现为主体意识、道德自觉等，人的道德意识向外表达（产生某种行为）会影响人的各种现实关系，创造着人的关系性存在，而人对自身关系性存在的内向体验、反思又生成某种新的意义或修正已经获得的意义，道德自觉对意义的敏感又进一步影响人的主体意识。因此，这些概念和内容所阐释的不是一个封闭于内在的自我，而是人的向内体验、思索与向外表达的相互影响、循环往复的道德生长过程，它们在理论层面共同勾勒出德育的一个大概的精神性的轮廓。

第三章

德育的精神性之理想追寻

道德教育的要旨不在于使受教育者了解现实生活中人们的行为是怎样的，而在于使他们掌握：人们的行为有可能是怎样的？应该是怎样的？道德的理想是什么？人何以接近这种理想？

——鲁　洁

在现代化进程中，西方一直困扰于人类生存境遇中的精神性问题，弗洛姆曾经深刻地指出：19 世纪的问题是上帝死了，20 世纪的问题则是人死了[①]。人们越来越意识到现代社会发展所包含的精神悖论，在对现代化的不断反思和批判中寻找人类的精神栖息地，并力图通过教育来改善现实。当前，中国社会也在转型过程中遭遇了自身的精神困境并且这种精神困境渗透到学校教育的各个方面，从某种意义上说，学校德育困境正是社会精神困境的一个缩影，而面对人在精神层面的失落，一些德育理论与实践已经愈发自觉地致力超越外在于人的道德知识灌输、行为规训而指向人的完整的内在精神，指向人的精神发育，这是出于坚守德育理想的一种努力、抗衡和探索，它们从不同角度反映出德育如何可能触及人的心灵、促进人在精神层面的发展。在此基础上，为了能更加清晰地从整体上把握德育得以发生的内在机制，增进德育理论自身的现实解释力和对德育实践的影响力，有必要引入精神性的概念，考察德育在人的精神层面的应然追求并确立德育自身的精神性，试图给予德育理想追寻的全面观照。

第一节　引入精神性的概念

一、 精神与精神性

一般意义上，精神被认为与人的深层面甚至本质相关联，而精神性正是对这种关联的表达，对精神与精神性的理解关联着对人自身生存的理解。随着时代生活的变化，人们对精神的认识正是在与人对自然与自我认识的相互推进中不断丰富和发展的。

---

① 观点引用自利希・弗洛姆于 1994 年在贵州人民出版社出版的《健全的社会》（译者：欧阳谦）。

（一）"精神"的历史

1. 物理意义的精神

精神最早被认为是最精致的物质，具有物理意义。在中国，"精""神"二字各有独立的含义，但都指向万物和人的本原："精"最早与气有关，"精也者，气之精者也，气，道乃生"①，精（精气）被认为是最细微的运动变化的气，它作为最细致的物质存在是万物的本原、生命的来源；"神"原初意为繁育众庶的先人，后从先人逝世后的精灵引申为创造和繁育万物的天灵。在西方，精神最初也与气有关，希腊语 pneuma 和古犹太语 rouakh 都意味着风、吹气和呼吸，pneuma 在波斯人眼中是类似火、空气或水的元素，它是无形体的、不可捉摸的，气和精神都意味着活生生的存在物、人和诸神的气息②。

2. 精神的灵化

人对精神的客观理解后来逐渐走向一种主观认识，即将精神理解为非物质的实体。别尔嘉耶夫将这一过程称为对精神的"灵化"过程，它意味着人在对精神和自身的理解中逐渐摆脱原初的自然主义或朴素唯物主义，而中西方则在这条"灵化"的道路上摘取到了不同的果实。

在中国，精神的灵化主要始于精神与"道"的关联。"精""神"最初意义都指向万物和人的本原，"道"最初意味着万物或人的起点，人对精神的理解与对"道"的理解相关联。孔子所谓道是人道，即生活中的人之根本，与精神无直接关联，而"子不语怪力乱神"并非意味着孔子不说神（只是不轻易乱说）。孔子之谓神，"知变化之道者，知其神之所为乎"③，神是创造、主宰万物的变化莫测、无处不在的一种力量。孔子对神的理解其实似于老子所谓之"道"即天道，老子将天地万物之生的总原理谓为"道"，它不可言说、兼有无即"无言其体，有言其用"，而孔子的人道似于老子所言之"德"（人的"德"），老子将事物之所得于天道而以成其物者称为"德"，人的德就是使人合乎"道"而成其为人的原理。在"神"与"道"的关联中，"道"获得一种与古希腊哲学中"逻各斯"相近的认识，它将精神与道视为一体，同时赋予精神一

---

① 出自《管子·内业》。
② 别尔嘉耶夫. 精神与实在 [M]. 张百春，译. 北京：中国城市出版社，2002：15-16.
③ 出自《易经·系辞上》。

种非物质的客观性。"独与天地精神往来，而不敖倪于万物"①，精神就是无形的、超时空的天道的自存。同时，人对"精"的理解关联着人的生命体活动②，在"精"与"道"的关联中，精神又被认为是"道"体现于人肉体的力量，这一理解在宗教和哲学层面获得了不同的发展：宗教层面将人的精神与肉体相区分，精神即指人的"灵魂"，"凡天地之间有鬼，非人死精神为之也"③ 即取此意；在哲学层面，人对精神的认识走向"心"，即精神是以人心的知觉灵明为核心表达人的整体生命状态，这种理解的独特性后来被西方哲学所承认，即东方的"心"不是人身上的情感-心理部分，而是包含着被改变了的智慧的精神-心理的完整性，但是这种理解也被极端化，特别在陆王理学中"心"被放大，物质的存在亦在心中，精神被置于物质之上。

在古希腊，原初的 pneuma（灵气）之外，柏拉图用 nous（心灵）一词来表示精神④，精神获得了理性的意义，而菲洛则将 pneuma 抬高到 nous 之上⑤，灵气获得了宗教的特征，被认为是最高美德的根源，而心灵则具有哲学的特征。这使得西方关于精神在哲学和宗教两个层面有不同理解，"哲学主要把精神理解为理性、智慧，宗教流派则把精神理解为最高生命的力量，上帝把这个力量注入到人身上，即它们更完整地理解精神"⑥。于是，心灵是理性、伦理原则，而灵气则意味着活生生的力量。其实，在哲学与宗教两个层面的理解中，灵气和心灵并不是截然分开而是复杂地交织在一起的⑦，并且都发生了灵化，体现着对原初物理意义的克服。古希腊哲学将超越感性世界的理智原则作为精神的标志⑧，精神是世界的理想基础。这种认识克服了对精

---

① 出自《庄子·天下》。
② 《管子》最早提出具有朴素唯物主义的精气说，后来被中医学发展，"精"泛指构成人体和维持生命活动的精微物质（包括精、血、津、液），或专指促进人体生长、发育和生殖功能的基本物质（即肾藏之精）。
③ 出自《论衡·订鬼》。
④ 别尔嘉耶夫指出，在古希腊 pneuma 和 nous 都标志着精神，其中，pneuma 是在诗歌语言和民间语言中使用的词，nous 是在哲学语言里用的词。
⑤ 菲洛将逻各斯与灵气等同，认为神的精神就是逻各斯，人是通过神的精神被造的，人不是神圣的，人身上的精神是神圣的。
⑥ 别尔嘉耶夫. 精神与实在 [M]. 张百春，译. 北京：中国城市出版社，2002：18.
⑦ 比如，在新柏拉图主义、诺斯替派中。虽然普罗提诺在对精神的理解中仍保留希腊的唯理智主义，但是普罗克鲁斯等人那里已经混淆了不同的观念；基督教不但把理智的因素，而且把伦理的因素也引入到对精神的理解之中；一些经院哲学家在对精神的理解中试图把希腊哲学和基督教神学结合起来。
⑧ 别尔嘉耶夫指出，在柏拉图著作的法文翻译中，nous 是通过 intelligence 来翻译的。

神的自然主义理解，却将"理性的客观性传递给了精神"，从而使理性超越完整的生命。基督教则认为精神是宗教启示上的灵气即由神的灵感所决定的精神状态，它是"圣灵"，是一种恩赐的能量，由另外一个神圣世界向现实生活世界突破，"人在获得了圣灵后，通过圣灵做一切事情。……一切强烈的情感和非凡的事件都通过圣灵的感动来解释。……圣灵总是被等同于力量"①。在这里，精神被归于神秘主义。

3. 精神的哲学

近代以来，人对精神的理解不再仅存于概念的使用与转换中，而是走向一种理性自觉，精神成为哲学研究的对象。精神的哲学大致经历了由神到人、由一般到个体的过程。

在近代德国哲学中，精神被注入新的特征，自由成为精神的主要标志。黑格尔最早力图建立精神哲学，他融合了希腊哲学与基督教对精神的理解，将哲学与宗教视为同一，提出精神（geist）的发展经历了六个阶段，即意识、自我意识、理性、精神、宗教、绝对知识。"黑格尔认为'以前的一切意识形态都是精神的抽象物'。它们曾是意识、自我意识和理性。当精神停留在客观存在状态时，'精神就是本身包含着感觉确定性、知觉和知性的一般意识'。当精神进入意识的反思时，'精神就是自我意识'。当精神作为意识与自我意识的统一体时，'精神就是具有理性的意识'。当精神作为存在着的理性时，'精神就达到了它的真理性：它即是精神，它即是现实的、伦理的本质'……只有理性达到与存在的统一时，精神才真正成其为精神，达到它自身的真理性阶段。这时精神就成了现实。"② 这六个阶段其实是人类精神从个体意识到社会意识再到绝对意识（关于意识、精神的概念式的知识）的发展过程，主要通过理性的客体化来实现。在这个过程中，精神是理性的直接发展，"理性意识到它的自身即是它的世界、它的世界即是它的自身时，理性就成了精神"③，精神是获得了自为的观念，精神的实质是自由。

黑格尔给予了精神一种相对完整的观照，但他的精神最终指向一种客观存在，是合乎规律的普遍思想，人身上的精神属于一般而不是个别。在黑格尔之后，尼·哈特

---

①　别尔嘉耶夫. 精神与实在 [M]. 张百春，译. 北京：中国城市出版社，2002：22.

②　萧焜焘. 精神世界掠影 [M]. 南京：江苏人民出版社，1987：130-131.

③　黑格尔. 精神现象学：下 [M]. 贺麟，王玖兴，译. 北京：商务印书馆，1979：1.

曼尝试建立一种无神论的、系统的精神哲学。他区分了精神与意识，认为精神具有结合的作用而意识具有隔绝的作用，精神有能力赋予意义，它是外向的，是冲突，这种冲突要求自由。因此，不能把一般精神与个体精神之间的关系看作实体与偶性之间的关系，精神没有自己的生存，它通过肉体进入空间，但精神生命比肉体生命更能摆脱一定的形式，个性在自己的行为里超越自己，即精神是存在的自我超越。尼·哈特曼由此提出精神的客体化，即客观精神是不存在的，只有对精神的客体化①。此外，在生存哲学中，精神也成为重要的研究对象。奥伊肯把自己的哲学称为"精神生活哲学"，他以人的现实生活而不是抽象概念为中心，认为自然和精神是世界的两种实在，当自然实在发展到一定阶段，精神会作为一种自觉的阶段产生并成为一种新的独立实在，"自然世界和精神世界不是隔离的领域，而是生活的两个阶段，并通过生活联结在一起"②。精神生活是生活的高级阶段，"这种生活源于某种综合的整体，超越了主体与客体的对立，以相应的自觉性与外部世界建立联系"③，在精神生活中，"人的独特之处正在于以一种特别有限的存在形式接触到一种普遍的超自然的生活，从而使自身及整个生活在相互冲突的紧张状态中朝向精神存在的目标发展"④。舍勒则把所有存在划分为动力、生命和精神三个不同领域，其中，动力领域是指实在的物理世界，生命领域包括人以及与人关联的自然世界（有机世界），精神领域则指具有精神的个人与全能的上帝的活动领域。在舍勒的哲学观中，精神是人的本质特征、生命冲动的根本依据，它是"个人本质上不同的、活动的、具体的统一"，"对对象的任何认识理解和价值体验只有在个人的精神活动中才是真实的，即精神同个体相关……每一个人的精神是唯一的"，精神具有开放性，"精神本身不构成对象，精神接受对象"⑤。舍勒将完整的人视为生命与精神的统一，他提出"生命精神化"与"精神生命化"，即当生命和精神相接触时，必然会产生一种"紧张的状态和本能的冲突"，而体现在人身上的不断克服"紧张""冲突"的过程，其实就是生命与精神互相补偿的过程⑥。

① 别尔嘉耶夫. 精神与实在 [M]. 张百春，译. 北京：中国城市出版社，2002.
② 刘梅. 精神生活：奥伊肯对人生哲学的批判与建构 [J]. 哲学研究，2006（7）：102-106.
③ 奥伊肯. 新人生哲学要义 [M]. 张源，贾安伦，译. 北京：中国城市出版社，2002：162.
④ 刘梅. 精神生活：奥伊肯对人生哲学的批判与建构 [J]. 哲学研究，2006（7）：102-106.
⑤ 刘放桐. 现代西方哲学：下 [M]. 北京：人民出版社，1990：695-696.
⑥ 刘放桐. 现代西方哲学：下 [M]. 北京：人民出版社，1990：697.

别尔嘉耶夫对以往的"精神"术语以及精神哲学做了较全面的考察，在他的哲学中，精神是内在的、具体的、个性的、主观的，它位于一般与个别、类与个体的对立之外。精神包含着具体-普遍的东西并且意味着人从封闭性走向具体-普遍，"生存的意义上……个性在个体上是不可重复的，是独特的，是区别于整个其余世界的，就自己的内容而言又是普遍的，是有能力用自己的爱和认识包容世界的。只有在这个领域里，精神生命才能被唤醒，在任何理想的和普遍的原则里都还没有精神生命"①。精神在个性里被揭示并用超个性的内容填充个性，精神存在于主体中但使人免于盲目的主观性。但是，精神不能始终是自身中的存在，它从自身中走出就意味着精神的客体化。别尔嘉耶夫延伸了尼·哈特曼关于精神客体化的讨论，认为"精神的客体化自身是主观精神的积极性，并且是由个性精神与世界的分裂状态的关系以及建立同个性精神格格不入的东西之间的交往的必要性引起的。但是，客体化的结果被主体看作是实在的客体，他不得不消极地接受这些客体"②。这意味着活生生的精神和客体化的精神之间存在冲突。因此，别尔嘉耶夫认为不可能对精神进行理性定义（它将因这样的定义窒息，变成客体），而只能获得精神的标志，"自由、意义、创造的积极性、完整性、爱、价值、对最高神圣世界的转向以及与它的结合——都是精神的标志"③。

4. **精神的心理学**

人对精神的理解中贯穿着人对精神与心理、肉体之间关系的认识，尽管三者在哲学概念层面有较清晰的区别，但在人的生命活动中要明确区分纯粹精神的状态与心理状态、行为趋向是困难的，人的完整存在正体现为他是精神-心理-身体的有机体。近代以来，心理学经历了哲学心理学、生理心理学进而发展为一门独立学科，从对人的意识、感知觉、注意等研究中展开对人的精神-心理-身体层面的解读。

在现代心理学中，首先对人的精神问题进行直接探索的是精神分析学派，其研究成果一方面体现为精神病的治疗技术④，一方面体现为新的心理人格理论。在理论

---

① 别尔嘉耶夫. 精神与实在 ［M］. 张百春，译. 北京：中国城市出版社，2002：12-13.
② 别尔嘉耶夫. 精神与实在 ［M］. 张百春，译. 北京：中国城市出版社，2002：53.
③ 别尔嘉耶夫. 精神与实在 ［M］. 张百春，译. 北京：中国城市出版社，2002：33.
④ 精神分析的治疗对象是精神病者或精神失常者，需要说明的是，这些人在古代大多被认为是妖魔附体，中世纪教会常对他们施以残酷的非人道的虐待以驱赶妖魔，直至18世纪末，精神病的机体病因观才取代了这种迷信观。

上，精神分析关注精神的内在结构，弗洛伊德早期提出"潜意识"①，它包括个人的原始冲动、各种本能以及被压抑的欲望，代表着人的精神的内深面。后来在潜意识的基础上弗洛伊德提出他的人格说，即人格由伊底、自我和超我三部分构成，其中，伊底是人最原始的、无意识的部分，由先天的本能和欲望组成并以肉体为能量源泉，自我是人的意识部分，超我是一种在社会中形成的理想的自我、监督的自我，这三部分的相对平衡保证了正常的精神状态，三部分的平衡遭到破坏就会产生精神病。荣格反对弗洛伊德过分强调潜意识冲动，更看重人对高级价值的自然追求，他曾明确指出心理学正是关于精神的知识②。在荣格的心理学中，精神（psyche）代表着作为整体的人格，是意识、个人潜意识和集体潜意识的整合，集体潜意识被看作是人的精神内部中最深的区域。"集体潜意识是心灵的一部分，它有别于个人潜意识，就是由于它的存在不像后者那样来自个人的经验……不是由个体习得的，是完全通过遗传而存在的。个体潜意识的内容大部分是情结，集体潜意识的内容则主要是原型。"③ 原型是多种多样的④，人的精神活动（特别是创造）都包含着原型的作用。

荣格之后，马斯洛将精神维度纳入心理学，他提出人的需要层次理论即个体发展的内在动机力量是由人的多种需要构成的，而人的需要由低到高分别包含生理需要、安全需要、归属与爱的需要、尊重需要和自我实现的需要五个层次，每一层次的需要满足将影响个体的人格发展。其中，自我实现需要是人的高级需要，马斯洛进一步区分健康型的自我实现与超越型的自我实现，指出后者是超个人意义上的自我实现，在这种自我实现的过程中会产生一种"巅峰体验"（peak experiences），马斯洛将其视为人的存在的最高、最完美和最和谐的精神状态。此后，西方掀起一场致力研究人的精神超越层面的超个人心理学运动，终极价值、癫狂状态、神秘体验、敬畏、惊奇、

---

① 弗洛伊德最早提出意识与无意识，其无意识概念后来多被心理学者称为潜意识。

② 荣格也曾在《追求灵魂的现代人》一书中指出，在他的三十五岁以上的患者中，没有一个获得治愈的人不是重新获得对于生命的精神导向的。

③ 高觉敷. 西方近代心理学史［M］. 北京：人民教育出版社，2001：398-399.

④ 荣格认为有四种最突出，即人格面具（persona）、阿尼玛（anima）、阿尼姆斯（animus）、暗影（shadow），人格面具是指个体在环境影响下掩饰真实自我造成的假象，阿尼玛和阿尼姆斯分别代表男人和女人身上所表现的双性特征，暗影是具有兽性的低级的种族遗传。

自我超越、宇宙意识以及日常生活的圣化等成为它的研究主题①。

（二）对精神性的解读

考察精神的历史，可以发现人对精神的理解包含两个基本向度，即主体精神和客体化的精神②，它们相互独立又彼此关联。主体精神表征着人的一种活生生的、内在的整体生命状态（比如人心知觉灵明的状态），在主体之间以及主体与世界整体之间的关系中，主体精神走出自身向外表达，它一方面认识并改造着客观世界（比如调节人际关系、建筑物质等），另一方面获得自身在外部的某种象征（比如"人道主义精神"概念、雕塑等），这种象征就是客体化的精神；主体精神需要向外表达，而客体化的精神则是一种完成时，对于主体精神而言，客体化的精神是一种异化和奴役并构成了一种外部的束缚和限制，但它也意味着主体精神的行为指向在外部世界建立联系和交流。人们对精神的不同理解主要体现在其赋予精神两个向度以不同的内容和意义，而这两个向度自身的不断关联则表征着人自身的精神发展，在这一过程中，精神呈现出它自身的特质即精神性。据此认为，精神在其完整意义上应当包含两个层面：一是精神的内容层面，精神所指向的具体内容受制于物质世界的发展和特定时空的社会文化背景，它是具体的、相对的、有争论的、可变的；二是精神的特质层面即精神性，它是精神区别于他物而成其为精神的特质表征，具体呈现于精神的两个向度不断关联的过程之中，精神在这一层面获得普遍意义。精神的两个层面是密切关联、不可分割的，精神性在普遍意义上是精神的特质表征，它总是指向具体的精神内容以获得现实意义，即只有当精神性与具体时空中的精神内容相遇时，精神才具有现实性，才成其为真正的精神。在精神自身的发展过程中，精神性主要表现为以下几个方面：

1. **精神的内隐性③**

---

① 艾尔金斯. 超越宗教：在传统宗教之外构建个人精神生活［M］. 顾肃，杨晓明，王文娟，译. 上海：上海人民出版社，2007：172.

② 它区别于"主观精神与客观精神""个性的精神和普遍的精神"的说法，别尔嘉耶夫曾指出这些说法通常都承认客观的、普遍的精神先于主观的、个性的精神，"这与对共相的原初性，类先于个体的承认相关。在这种情况下，主观的和个性的精神通常被心理学地理解，同时客观的和普遍的精神则被本体论地理解"。本书同意别尔嘉耶夫的观点。

③ 这里提出的"内隐"包含心理学意义上的"内隐"，但还有更广泛的内容，它首先是与人的外显行为相对而言的；心理学最早提出的"内隐"概念主要是与人的"意识"相对的无意识层面的心理活动，比如内隐认知、内隐记忆、内隐学习等。

与一切依赖外部事物而存在的东西相区别，精神首先是来自内部的实在。内隐性作为精神的基本特性，贯穿人的精神活动的全过程，它主要包含两个层面。在第一个层面，精神的内隐性是与客体的物质性和人的行为的外显性相较而言的，指人的内在精神活动不能直观呈现、难以确证。例如，感觉、知觉与思维、意识与自我意识等人在精神-心理层面的活动过程不可能直观呈现，一个正在思考的人，别人可能通过他专注的表情判断出他在思考，但不可能看到他内在的思考过程①；又如，当主体精神通过身体向外表达为人的某种行为时，它同时存在于人的观念与行为中，外显的行为背后包含着与之同一但却难以确证的内隐观念（心理学对动机的研究即源于此）。尽管如此，这一层面的内隐性可能通过主体有意识的向外表达（如语言）来克服，从而使人的主体精神得到部分显现。在第二个层面，精神的内隐性源于其自身结构的复杂性，它包含着人的思维、意识无法靠近甚至连直觉也只是有可能触及的部分，主体或能体验却一般难以表达。一直以来，对这部分的强调往往将精神带入神秘主义，宗教则利用它来博取信仰。在现代研究中，弗洛伊德提出的"潜意识"、荣格提出的"集体潜意识"、波兰尼提出的"缄默知识"、马斯洛提出的"巅峰体验"、威廉·詹姆士提出的"更多"② 等概念尽管所指的具体内容各不相同，但都是对精神这一层面内隐性的揭示。

2. 精神的完整性

精神的内隐性并不意味着它与人的身体或物质客体的完全对立，也不意味着精神自身的分裂，精神具有完整性，这种完整性体现为精神克服了主观与客观、一般与个别、理性与非理性、时间与空间等的对立或割裂，使人获得完整的生命样态。第一，精神在其两个向度（主体精神与客体化的精神）之间的联结本身表征着人的内部与外部的关联，表征着具有个性的主体生命与普遍的、客观的内容之间的关系，在这种联系中精神通过对人的内部、外部的改变从而使个性获得具体-普遍的内容。第二，精神连接着人的内在生命的整体时空。如果用空间象征描述，精神包含着人内在的高度

---

① 尽管现代生理学、心理学、脑科学、神经科学等多领域研究表达了对精神的内隐有持续且浓厚的兴趣，比如运用核磁共振成像技术探索大脑活动、探索神经化学物质对人的主观情绪体验的调节等，但是现有研究还远未揭开人的整个精神层面的神秘面纱。

② 艾尔金斯. 超越宗教：在传统宗教之外构建个人精神生活 [M]. 顾肃，杨晓明，王文娟，译. 上海：上海人民出版社，2007：54-58.

和深度①，比如，马斯洛提出人的"自我实现需要"和荣格提出的"集体潜意识"分别是对这种高度与深度予以不同内容的表达；在时间象征中，精神的高度指向未来，指向崇高和神圣、理想和可能，而精神的深度则指向过去，指向人的经验（无论是先天经验还是后天经验）。精神的完整性就意味着人内在的高度与深度的统一与连贯。第三，尽管人对自身精神的探索常侧重于某一个方面（如理性、理智）或是以一种解剖的方式（如现代心理学对动机、意识、情绪、人格的研究）来获得认识，但是，精神不是静止物，真正的精神只存在并完成于它自身的运动中。在自身运动中，精神包含着人在精神-心理-身体层面的诸多要素，比如遗传获得的先天经验、认知、情感、意志、动机、行为等，精神统摄它们，因而这些要素之间是同一的而非并列的关系，正是这种同一给人的生命带来统一、完整性和意义联系。换言之，精神的完整性意味着精神的各个构成要素的统一与和谐。

3. 精神的自觉性

精神的自觉性是对精神区别于一般生物（生命）的他觉而言的，在这个意义上，精神为人所有，自觉性是精神的根本特性。从生物学意义上说，生命本身包含着能量代谢、刺激反应和自我复制的物质系统，它使得生命获得一种适应自然的生存力量。这种力量是由他觉引发的，它对生命自身而言是被动的、具有强迫性的，因而是消极的。与此相区别，精神是积极的、主动的，精神所包含的高度使人的生命能量可能由内向外流动并且表现为一股改变的、解放的力量。精神的自觉性正是一种主观性和主体性的表达，它包含着主体精神对自身、客观世界以及二者关联的敏感和意识，体现于主体精神与自身的有限、外部的束缚和限制之间的冲突遭遇。正是在这种遭遇中，精神的自觉性使精神获得自由本性。黑格尔提出的精神发展过程贯穿人的自我反省与批判以及在此基础上的自我启蒙，精神正是在这种不断自觉的过程中走向自我实现和自由：对一般意识的自觉获得自我意识，自我意识在自我否定中走向理性，理性通过对自身世界的意识而成为（现实的）精神，而从现实个体与整体混沌未分的精神（伦理）中觉醒，获得对个体自身的确定则成为道德，"道德达到个体主体的自我意

---

① 这在西方曾被作为精神与灵魂的区别，精神代表着人内在的高度，灵魂则代表着人内在的深度，前者来自上帝，而后者则源于原初的存在即"深渊"，灵魂需要上升与精神相接触（或者说被精神照耀）。

识……是最高阶段"①。精神的自觉性贯穿精神自身发展的全过程，它意味着精神不是充当实现某种目的的手段而是不断生成它自己的目的，从而实现真正的自由。

4. 精神的超越性

如上所言，精神的自我发展意味着它的自我实现，在这一点上，精神不但具有自觉性，还体现着自由本性并且由此衍生出超越性，精神的超越性是以精神的自觉性为基础的。需要说明的是，超越性作为精神的特性与宗教的神启并无同一的关联。西方对精神性的探寻有一条逐渐从"神性"走向"人性"的路径，最初宗教意义上的精神性是一种"神性"，精神的超越性体现于神启，后来关于精神的理解从具有宗教意义的 soul 转向表达明确理想、信念和原则的个体意识与社会意识的 spirit，精神在宗教层面的超越性则为其在自然和社会中的主体性②所代替。但是，这只是将神对人的超越转义为人对自然界的超越和人对世俗社会的超越，在这一过程中精神自身所具有的超越特质并未改变。

精神的超越性意味着精神自身的开放而不是封闭，意味着精神对束缚、限制和决定的反抗与斗争，意味着精神包含着某种力量，"摆脱自发本性统治的力量，摆脱大地和血缘统治的力量，即摆脱宇宙-大地的力量，是超越这些力量之上的力量，但又不消灭它们。……最高的精神性将把和宇宙生命的秘密交往的能力还给人，也将把他从这些力量的决定中解放出来"③。在此基础上，精神的超越性体现在相互交织的两个层面，即精神对自身的超越和对外部世界的超越。其中，对自身的超越体现为意识层面的不断突破，同时意味着精神在其高度（崇高、神圣、理想层面）和深度（心灵、经验层面）的关联与延展。对外部世界的超越，一方面体现为主体精神对外部束缚、限制的突破，另一方面体现为主体对外部世界的积极创造，主体创造性是超越性的一种表达。在这一层面，精神走向现实的自我实现，即精神实现于社会意识的实践活动，它可以通过外显行为和客体化的精神获得确认。

综合上述分析，可以发现精神的内隐性、完整性、自觉性和超越性作为精神特质

---

① 樊浩. 道德形而上学体系的精神哲学基础 [M]. 北京：中国社会科学出版社，2006：9.

② 人的主体性是与人的自然性、社会性相提并论的；在汉语语境下，主体性是对人的精神性的一种惯常解读。

③ 别尔嘉耶夫. 精神与实在 [M]. 张百春，译. 北京：中国城市出版社，2002：36-37.

的具体表征，有着各自不同的具体内涵并且与人的精神层面的不同范畴相关联，从而形成精神性的基本架构（见表3-1）。但与此同时，精神性的这些具体表征彼此之间并不是孤立隔绝而是相互交织关联的，它们共同贯穿精神发展的全过程。其中，精神的内隐性与完整性是精神的静态特性，而精神的自觉性与超越性是精神的动态特性，精神的超越性以内隐性与自觉性为基础指向精神的完整性。

表 3-1　精神性的基本架构

精神特质	具体表征	精神层面的关联范畴
精神性	精神的内隐性	内在、隐性、缄默、深度、高度、神秘、直觉、体验等
	精神的完整性	完整、统摄、和谐、统一、贯通、一致、交融、联系等
	精神的自觉性	自我意识、敏感、清醒、主动、内省、反思、自我否定、自由等
	精神的超越性	高度、束缚、冲突、张力、挣扎、突破、解放、创造、自我实现、可能、神秘、自由等

二、　道德的精神性

从精神层面考察人类道德，它既是人的精神产物也是人的精神标志①。道德作为人的活动有其自身发展的历史，从原初意义来说，道德是人区别于动物的一种社会规律。老子最早将天地万物之生的总原理称为道，德即物之所得于道而以成其物者②，人的道德是使人成其为人的原理。美国学者斯塔夫里阿诺斯也曾在《远古以来的人类生命线》一书中指出："在血族社会中人与人的关系已经由合作代替了搏斗和竞争，在获得食物和性伴侣中出现了不同于动物的规律，这种规律实际上便是道德的最初形态。"③ 道德最早以这种形态内在并且作用于人们的各种社会伦理关系，后来它在人对自然、社会及其自身关系的意识活动里被逐渐提炼、总结出来并不断获得修正与完善，进而成为人在社会生活中的自觉的行为导向。因此，人类的精神活动赋予了道德两种样态：符号化的道德与主体性的道德，前者体现为道德条目及其阐释，后者则具

---

① 在黑格尔的精神现象学中，道德是人的精神发展的高级阶段。
② 冯友兰. 中国哲学史：上 [M]. 上海：华东师范大学出版社，2000：137.
③ 茅于轼. 中国人的道德前景 [M]. 广州：暨南大学出版社，1997：67.

体体现为人的道德实践。

从精神的两个向度来考察，道德条目及其阐释是一种客体化的精神。道德条目是人在处理和反思基本伦理关系、各种复杂的社会关系的过程中提炼总结出来的，这一过程是人的内在主体精神（这里表现为对生活关系中的社会规律的把握）向外部生活世界的表现过程，道德条目正是（这种）主体精神在外部世界的象征。古希腊的"四大德"即智慧、勇敢、节制和正义标志着城邦制的伦理精神，中国封建社会的"三纲五常"① 也正是封建伦理道德精神的象征。这些具有象征意义的道德条目是精神在其高度上的表达，它体现精神的崇高、神圣和理想层面，指向理想的可能生活。但是，道德条目作为客体化的精神是一种类的精神而不是个体精神，它所包含的超越是指人在类的层面对自然、历史以及对自身生存的超越，而不是个体层面的超越性。相反，道德条目在个体层面往往被尊奉为道德的准则或要求，它对个体而言更多地意味着束缚和限制，因为它可能使个体面临这样一种情形——"在习俗中积淀下来的全部道德生活都建立在象征的基础上，而不是建立在对人们的实在的改变的基础上。合法的道德要求人们执行程式化的象征，它们与人们的内在生活，与人们的精神性没有任何必然的实在联系"②。在这个意义上，道德条目作为一种客体化的精神却失掉了与人的主体精神的关联。

与道德条目不同，人的道德实践是作为主体的人将其内在的道德信念和意志通过外显行为表达出来，并且作用于他所处的各种关系的一种生命活动，它不具有一般象征意义，它是具体的、过程的、个别的，它包含着主体道德精神。在道德实践中，人必然需要经历这样一个过程：他要从自己的经验、关系以及一般道德条目中获得内在的、具体的、自觉的道德信念，然后用它来面对和指导自己的全部生活，同时，在信念与生活之间会产生各种矛盾、冲突，他必然要从中不断调试甚至抉择以使得自己的行为与内在精神层面保持一致，从而获得内在的完整与和谐。可见，人的道德实践首先是一种"具体-普遍"道德的实践，它包含着主体的道德精神与客体化的伦理精神（道德条目）之间的关联，体现着个体道德与类的道德之间的关联。道德条目及其阐

① "三纲"指君为臣纲、父为子纲、夫为妻纲，"五常"指仁、义、礼、智、信。
② 别尔嘉耶夫. 精神与实在 [M]. 张百春，译. 北京：中国城市出版社，2002：67.

释作为类的或群体的伦理道德精神的表达，对于个体而言，是先于并且（在精神层面）高于个体的、难以逾越的存在，但是，个体总是需要从自身的、具体的、现实的生活经验和诸多关系中获得对一般道德条目的个性化的体认与内化，从而生成自我的道德信念。另外，道德实践体现着人的主体精神的自觉性与超越性，它有个体自身的、内在的道德高度，并且立于这一高度与自我的有限、现实的束缚和限制相抗争，进而实现对自我和现实的道德改造，走向可能的道德生活；道德实践体现着人（个体）的道德完整性，它是人的内在道德精神与外显道德行为的统一，它追求人的内在精神层面的完整与和谐；道德实践还有其内隐的一面，所谓道德的行为与合乎道德的行为之区分就在于前者内含一种自觉的、道德的精神境界。

三、 个体道德发展的精神路径

如前所言，个体的道德是一种"具体-普遍"的道德，它是个体"以社会伦理规范及法律政令为客观标准……使自己的言行合乎标准而且不觉得有什么勉强，不如此做，反而心感不安"①。因此，个体的道德需要内在地生长而无法从外部截取②，伴随着个体内在的精神发展，个体的道德发展有其自身的精神路径。冯友兰将人的道德视为人内在的一种精神境界，认为人要达到道德境界需要发展自身的"觉解"③，"觉"即自觉，"解"是了解，了解是一种指向外部的活动，而自觉是一种心理状态即内心对于自己的一种反观状态（明觉），有觉解是人心的特异之处即知觉灵明，增进人的觉解就要发展人的知觉灵明（即尽心尽性）④。其实，冯友兰所谓增进人的觉解就是强调要发展人的精神-心理层面。对此，现代西方心理学研究主要基于人在认知、思维层面的发展来梳理个体道德的发展路径。比如，皮亚杰通过考察儿童的认知成熟性和社会经验的发展，提出个体道德发展的三个阶段即前道德阶段、他律道德阶段和自

---

① 萧焜焘. 精神世界掠影 [M]. 南京：江苏人民出版社，1987：161-162.
② 朱小蔓关于情绪、情感对个人道德成长的本体价值的讨论以及檀传宝关于"新性善论"的论述都关涉这一问题，人类通过先天社会性遗传获得道德发展的生理基础，它不仅使德育成为可能而且指明了德育应遵循的路径。
③ 冯友兰认为，同一事物对于不同的人有不同的意义，原因在于不同的人对同一事物有不同的觉解；道德境界需要较高层次的觉解才能到达。
④ 观点引用自冯友兰于 2007 年在生活·读书·新知三联书店出版的《新原人》。

律道德阶段：儿童在前道德阶段极少对规则表现出关心或注意，发展到他律道德阶段时儿童产生了遵守规则的意识，到达自律道德阶段儿童认识到规则是相对的而人的行为动机更重要。科尔伯格运用两难故事考察儿童和青少年在假设情境中对冲突的推理判断，提出个体道德发展经历了前契约道德、契约道德和后期契约道德三个水平，其中包括从惩罚和服从道德定向、朴素的享乐主义、以人际和谐为准的好孩子定向、维护法律和社会秩序的道德定向、社会契约定向到良心的个人原则六个阶段①。这些研究确证了个体道德发展与其内在精神层面发展的密切关联，但也遭到一些质疑和批评，认为它们将人的道德发展完全建立在个体认知判断的基础上而忽略了其他心理、文化和社会因素等对人的内在精神层面的影响。

从个体完整的内在精神层面而言，个体的道德经历了从"生理-心理"层面的德性基础发展为社会伦理意识进而走向个体道德精神的过程，同时这也是个体的精神层面"由内向外—由外向内—由内向外"不断循环往复、向上发展并走向上下（深度与高度）贯通和内部统一和谐的过程。

（一）第一段路径：从德性基础发展为社会伦理意识

人在"生理-心理"层面有其道德发展的德性基础，它是人内在精神的深度上的内容，它是广泛的，既包括所谓善的部分也包含所谓恶的部分②，既包括先天的社会性遗传获得也包括后天生活经验的渗入部分。以往讨论德性基础多依据孟子的"善端"说，即人的德性发展是通过与生俱来的善端的养护和扩展实现的，这一学说在现代心理学中获得支持，认知学派的"图式"、格式塔学派的"格式塔"就与孟子的"善端"相似，同时心理学对早期儿童的移情实验也说明儿童有先天的社会移情能力，檀传宝曾就此提出"新性善论"以说明道德之可教和个体德性的生长路径③。然而，这只是德性发展的一个方面，从完整的精神层面来看，不能忽略、否定甚至排除在这种所谓的"善"以外的"非善"或"恶"的部分。荀子所谓性之"恶"、弗洛伊德提

---

① 陈会昌. 道德发展心理学［M］. 合肥：安徽教育出版社，2004：92-103.
② 就其本身存在来说是无所谓善或恶的，这不过是人所附加的一种社会价值意义。
③ 檀传宝. 德性只能由内而外地生成——试论"新性善论"及其依据［J］. 清华大学教育研究，2001（3）：19-23.

出的"潜意识"或"伊底"、荣格提出的部分"原型"［特别是暗影（shadow）］等往往被认为会对人的道德人格发展产生负面影响，因而是需要被束缚、克制的；但是，它们与"善"的关联或对立也往往构成个体德性发展的张力，没有这一张力就没有道德发展，同时，内在精神的发展正是要突破束缚、限制进而指向它自身的和谐、一致。

另一个方面，个体在"生理-心理"层面的德性基础是内隐的，深度决定了它的内隐——像是一粒种子，同时也可能是一股暗流；它需要以一种上升的方式向外表达、自我呈现，这便是德性生长最初的由内向外的精神发展过程。当它在这个过程中与客体化的社会伦理规范（道德条目）相遭遇时，所谓善的部分与社会伦理规范的价值倾向相契合，二者在认知活动中结合进而生成主体的社会伦理意识。但是，这种结合也意味着一种外部的、指向高度（理想层面）的力量摄入，社会伦理意识对主体精神而言是打破既有的完整性的因素，它引发了内在精神的冲突。一个明显的例子是人对义务的习得。"义务，是无偿的、奉献的，甚至是自我牺牲的"①，它对个体而言意味着外在的"应该"——一股外部的、强迫的力量，意味着服从。在人的社会伦理意识中，义务带来的是束缚、要求而不是自由，是"我不得不"而不是"我想"，它所引发的行为是合乎道德的行为而不是道德的行为。这便是个体道德发展的由外向内的精神发展过程。

（二）第二段路径：从社会伦理意识发展为个体道德精神

黑格尔将道德与伦理进行区别：伦理是"个体与整体混沌未分的那种精神"，道德则是"自由主体觉醒的结果……是对自身具有确定性的精神"②，道德包含着个体主体的自我意识。因此，从"生理-心理"层面的德性基础发展为社会伦理意识并不是个体道德发展的终点，个体道德发展需要走向个体道德精神。

社会伦理意识所引起的内在的精神矛盾并未得以解决，这实质上是精神内在的深度与高度的矛盾。深度上的德性基础通过上升的方式向外表达，其中所谓善的部分与

---

① 萧焜焘. 精神世界掠影［M］. 南京：江苏人民出版社，1987：162.
② 樊浩. 道德形而上学体系的精神哲学基础［M］. 北京：中国社会科学出版社，2006：9.

外在的高度（社会伦理规范）相结合而上升为某种内在的高度即社会伦理意识，但是，德性基础中所谓恶的部分（以下简称"恶的部分"）由于与社会伦理规范的价值倾向不符甚至相悖而被束缚，人的内在精神层面形成深度与高度之间的冲突并表现为高度对深度的压抑。这种冲突可能导致三种情况：①如果社会伦理规范的外在力量过于强大，那么主体的社会伦理意识就会不断被强化，高度对深度的压抑就可能使得恶的部分下沉而无法表达，深度与高度之间无法和谐。②如果社会伦理规范的外在力量过于弱小，恶的部分就会突破社会伦理意识的压抑，继续上升和向外表达，深度与高度之间仍然无法和谐。在前两种情况下，人都无法生成道德：第一种情况下个体被伦理规范所淹没不能确认自己，会导致规范强制下的愚从；而在第二种情况中，个体并未从伦理（社会关系）中确认自己而是在自我中放大自己，会导致故意失德的行为。③当社会伦理规范的外在力量适度，使得恶的部分在继续上升中与社会伦理意识形成某种内在的张力，在这种张力中，恶的部分与社会伦理意识一方面各自调整，另一方面都致力调整对方，从而实现深度与高度的协调和逐渐贯通，人的内在精神在新的层面即主体道德精神中获得统一与完整。一个明显的例子是良心的获得。良心是基于义务而做出的一种主观行动，"良心的本质正在去除这种算计和权衡，不根据任何这样的理由而直接凭它自己来作出决定"①。良心是人内在精神的深度与高度的统一、贯通与和谐，它使人获得解放（自我释放）和自由；在道德行为中，良心意味着"我想"而不是"我不得不"。这是个体道德发展否定之否定的"由内向外"的精神过程。

四、　教育自身的精神性追求

教育作为人的社会活动同时也是培养人的活动，产生于人类自然生存与社会发展的需要，它从一开始就更多地指向人类的精神层面，将人的生产生活经验以代际传递的方式保存和发展。随着社会的发展，教育从其最初形态中分化出专门的学校教育，逐渐获得明确的精神指向；与此同时，学校教育自身的不断发展始终贯穿着它对精神性的追求，在不同的社会历史阶段，这种追求有其不同的具体形态，包含着不同的精神内容。从精神的两个向度来看，古代学校教育更多地指向客体化的精神，比如，中

---

① 萧焜焘. 精神世界掠影［M］. 南京：江苏人民出版社，1987：166.

国古代教育对社会伦理的强调，欧洲中世纪教育对宗教教义的强调；近现代以来随着社会世俗生活的发展和对人的重视，学校教育发展更多地体现出对人的主体精神层面的观照。在这个过程中，教育自身的精神性追求主要体现在以下三个方面：

（一）教育应培养完整的精神人格①

在教育目的层面，"教育应当培养什么样的人"表征着教育自身的价值取向和精神追求，同时，人们对教育目的的构想也体现着他们对理想精神人格的追求。在古代社会，教育更多地指向一种趋向完整的、理想的精神人格。比如，孔子所谓的"君子"是具有"仁"的精神的人，他能够行道德；墨子的"贤士"是具有兼爱品格的人，他能兼济天下；柏拉图要培养的"哲学王"代表着智慧并能以此治理国家。这些理想的精神人格都既包含着个人修养的内容也包含着改造社会的内容，是一种与"内圣外王"相似的精神人格，而内在的个人修养被置于首位。追求这种精神人格的教育被认为是一种精英式的教育，它只关注少数统治人才的培养。到近代，这一教育追求的理想高度有所下降，人们更多地关注精神人格中改造社会的内容（比如洛克要培养具有实干精神的"绅士"）。在现代社会，教育的精神追求发生了转变，这种改变是从教育外部（而不是内部）发生的：精英教育在大工业生产和市场经济中逐渐受到质疑，社会民主化进程推动教育走向普及，走向大众化。相对于培养具有完整精神人格的统治人才、领导者来说，教育更多地被要求培养具有生产知识和技术能力的工作者、建设者；随着社会分工越来越细、越来越强调专业化，学校教育出现偏重甚至局限于知识学习和技能训练的情况。这种转变使教育获得民主精神的同时，也遮蔽了教育在人的内在精神层面的追求，并且，在某种意义上失掉了对完整的精神人格的追求，教育就完全沦为一种个人或社会的工具，它甚至获得了经济学的价值：对社会而言，教育是一种与经济效益相关的"生产"行为，对个体而言，它成为一种"投资"行为。教育更多地关涉人的知识、技术能力而不是精神人格和境界，尚不能说教育完全不关注人的精神，但它只是孤立地关注人的认知、思维、理智层面，而不关注人格

---

① 这只是基于教育自身的精神性追求提出来的，它并不意味着教育只应重视人的精神层面，现代教育致力培养完善的人，它将人的身体作为"生命力与体格的和谐、美感享受、自信心、个人表现与情绪体验的基本源泉"，追求内在精神层面与体格的平衡。

深层的东西，不关注精神的高度。

　　当然，这个问题现在已经引起人们的重视。由于社会的信息化发展加速了知识和技术的更新，全球化改变了人们在生存方面的联系，人的学习、创造、交往、理解等方面的发展被认为越来越重要，侧重于知识和技能获得的教育已经受到批评——"为了训练的目的，一个人的理智认识方面已经被分割得支离破碎，而其他的方面不是被遗忘，就是被忽略，不是被还原到一种胚胎状态，就是随它在无政府状态下发展。……对许多青年人原来应该进行的充分而全面的培养被弄得残缺不全"①。20 世纪 90 年代中期，国际 21 世纪教育委员会在向联合国教科文组织提交的报告中指出了 21 世纪教育的四个支柱，即学会认识（learning to know）、学会做事（learning to do）、学会共同生活（learning to live together）、学会生存（learning to be）。学校教育被要求指向"把一个人的体力、智力、情绪、伦理各方面的因素综合起来，使他成为一个完善的人"②。教育被要求回到它的元典精神，在新的层次上回归到完整的精神人格的培养，同时，人们关涉完整的精神人格层面的理解在多方面获得了一些新的认识，比如加德纳的多元智能理论、埃里卡·兰多关于人格的复合态度③、埃德加·莫兰提出的个人的多重性④等；但不同的是，这一次教育不是为了培养具有完整的精神人格的少数精英，而是致力所有人都能够"充分地发展自己的人格，并能以不断增强的自主性、判断力和个人责任感来行动"⑤，致力"比任何时候都更在于保证人人享有他们为充分发挥自己的才能和尽可能牢牢掌握自己的命运而需要的思想、判断、

①　联合国教科文组织国际教育发展委员会. 学会生存——教育世界的今天与明天［M］. 华东师范大学比较教育研究所，译. 北京：教育科学出版社，1996：193.
②　联合国教科文组织国际教育发展委员会. 学会生存——教育世界的今天与明天［M］. 华东师范大学比较教育研究所，译. 北京：教育科学出版社，1996：195.
③　埃里卡·兰多在国际未来研究会议上的论文提出，有许多方式表达了在同一人格中同时存在着"技巧的人""智慧的人""艺术的人""政治的人""宗教的人"等几种人的情况，这些人之间还可能存在互相对立的关系。参见：联合国教科文组织国际教育发展委员会. 学会生存——教育世界的今天与明天［M］. 华东师范大学比较教育研究所，译. 北京：教育科学出版社，1996：194.
④　埃德加·莫兰认为人的存在是复杂的，个人身上包含着以两极分化的形式存在对立的特质：理性的与狂热的、勤劳的与贪玩的、经验的与想象的、节俭的与挥霍的、散文般单调的与诗意般充满想象的。参见：莫兰. 复杂性理论与教育问题［M］. 陈一壮，译. 北京：北京大学出版社，2004：44.
⑤　国际 21 世纪教育委员会. 教育——财富蕴藏其中［M］. 联合国教科文组织总部中文科，译. 北京：教育科学出版社，1996：87.

感情和想象方面的自由"①。

（二）教育者（教师）人格形象的精神高度

教育对精神人格的追求要在具体的教育活动中来完成，这个过程中，教师主导整个教育活动，教师内在的精神高度在一定程度上现实地决定着教育的精神高度。在中国古代，教师首先要具有较高的（伦理）精神境界，其次才是学业水平与教育教学的技巧，即韩愈所谓的"师者，所以传道授业解惑也"。"师"与"道"被认为有着内在的关联，教师应是悟道的、有道的、能传道的，同时，教师人格形象的精神高度将其与一般人区分开来，使其获得较高的社会地位（荀子谓"天地君亲师"），人们对待"师"的态度也等同于对待"道"的态度，因而才有"师严然后道尊"②"明王圣主，莫不尊师贵道"③ 之说。可见，教师意味着一种人格精神象征，它不仅影响具体的教育活动，也具有广泛的社会文化效应。然而，教师人格的象征化及其影响的扩展也导致了教师形象的权威化，它具体体现为一种权威性的师生关系，甚至扩展到广泛意义上的教育活动中（所谓"一朝为师，终身为父"）。教师的权威化和权威性的师生关系其实已经背离了教师最初的精神人格，从精神的两个向度来看，这是客体化的精神（权威）对主体精神（教师内在之"道"）的脱离、束缚甚至限制。近现代以来，随着社会科学与民主的发展、知识性质的转变和教育自身民主意识的发展，一方面，传统的权威性的师生关系日益遭到严厉批评，因为它在本质上使师生变成统治者和被统治者，"这种统治与被统治的关系，由于一方在年龄、知识和无上权威等方面的有利条件和另一方的低下与顺从的地位而变得根深蒂固了"④；另一方面，人们对教师在教育活动中的作用也有了一些不同的认识，"教师现在越来越少地传递知识，而越来越多地激励思考；除了他的正式职能以外，他将越来越成为一位顾问，一位交换意见的

---

① 国际 21 世纪教育委员会. 教育——财富蕴藏其中［M］. 联合国教科文组织总部中文科，译. 北京：教育科学出版社，1996：85.
② 出自《礼记·学记》。
③ 出自《后汉书·孔僖传》。
④ 联合国教科文组织国际教育发展委员会. 学会生存——教育世界的今天与明天［M］. 华东师范大学比较教育研究所，译. 北京：教育科学出版社，1996：107.

参与者，一位帮助发现矛盾论点而不是拿出现成真理的人"①。在此基础上，现代教育提出建立民主的、和谐的师生关系，教师的权威形象被职业形象所替代，教师越来越成为受过专业知识和技能训练的教育专业人员并被赋予新的形象期待。

值得注意的是，教师形象的现代转变并没有完全否定对教师在精神人格层面的要求，它以另一种新的姿态呈现出来。在精神层面，教师被期待是具有完整智慧和完整人格的人，不但要有科学智慧还要有生活智慧即实践智慧、伦理智慧②。师德作为教师人格的重要表征，已经成为影响教师专业发展的重要内容。"在提倡教师专业化的过程中，不能忽略其中的道德纬度。"③ "社会的快速发展急需不断革新和重建社会道德，而在伦理道德上对教师提出新的更高的要求，正是改善教育工作和促进教师职业专业化的内在要求。"④ 但与此同时，教师不再被神化、圣化，不再作为一个纯粹的道德权威出现，而被作为一个具有榜样意义和影响力的人格形象出现。无论是在学校的各学科教学、学校教育管理还是日常的师生交往中，教师都扮演着一种道德的榜样角色。这意味着，现代教育不但要求教师在其人格层面要有道德的高度，更要求教师基于这一高度生成现实的道德影响能力。当前，教师专业发展的一个重要方面正是致力提升教师的道德影响力，在教师的人格精神层面，除了人生态度、人文素质、教育信念、自我成长意识和创造性之外，教师的道德意识与情感素质逐渐被认为是教师专业发展的新的重要内容。比如，教师培训应发展教师在各门学科教学和日常生活中的道德资源意识；师范教育应重视对教师在情感交往过程中的观察力、敏感性、倾听品质、表达与调节能力等情感素质的培养。

（三）教育的自觉与超越

自觉性与超越性是主体精神性的两个重要表征，教育是人的活动，教育的自觉与超越就意味着人在教育活动中不是完全被控制、被束缚的，而是能够发展其自身的主体精神性，因此教育也不是全然受控于外部环境或其他社会系统的，它通过人的主体

① 联合国教科文组织国际教育发展委员会. 学会生存——教育世界的今天与明天 [M]. 华东师范大学比较教育研究所，译. 北京：教育科学出版社，1996：108.
② 朱小蔓. 未来教师的形象期待 [J]. 上海高教研究，1998（1）：52-55.
③ 朱小蔓. 教师专业发展与教师的道德影响力 [J]. 临沂师范学院学报，2006，28（1）：1-4.
④ 朱小蔓. 师德是教师职业之魂 [N]. 中国教育报，2004-09-10（3）.

精神性活动而获得自主调节和作用于外的能力。从这个意义上看，教育的自觉与超越主要包括两个层面：第一个层面，教育活动中的人的主体精神实现着人对教育的自觉与超越，教育从而获得自主调节的能力；第二个层面，教育获得自觉并指向教育的外部系统，实现对社会系统的自觉与超越。这两个层面的循环交织构成教育自身的发展路径。

1. 教育对自身的自觉与超越

从教育对自身的自觉与超越来看，它有一个从外围逐渐深入的发展过程。在人类教育的漫长历史中，无论是基于社会发展还是个体德性完善，人们从未停止过对教育目标（教育所应培养的理想人格）、教育内容以及教育过程等的构想与探索，它们从零散的观点（如中国先秦各家、古希腊三哲关于教育的观点）逐渐发展为朴素的专门学说（如《学记》《雄辩术原理》）。近现代以来，教育学说又逐渐从系统性的理论探讨（以夸美纽斯的《大教学论》为标志）走向科学基础上的理论解释与建构（以赫尔巴特的《普通教育学》为标志）。这一条教育学的发展道路恰恰也反映出人们对教育活动不断自觉、反思及改造的精神发展过程，它使得教育在其内部获得一种理论与实践的张力，从而使教育在一定程度上获得自觉，实现对自身的超越。对于现代学校教育来说，这种自觉最初是就教育整体而言的，在教育内部则更倾向于一部分人（如理论研究者）对另一部分人（如教师）的反思。随着现代教育的理论自觉向实践领域的渗透以及在学校层面展开一些教育活动和教育实验，教育对自身的自觉与超越逐渐深入教育内部：从理论研究者的教育自觉到学校管理者的教育自觉、教师精英的教育自觉进而扩展到教师个体的教育自觉。现在，教育研究已经从理论层面扩展到教育实践中，已经走向现实的教育者，教师在成为教育行动者的同时也逐渐成为教育的研究者。在中小学，教学科研已经从过去优秀教师在经验层面的总结与交流，逐渐发展为教师群体从经验到理论的交流与学习、反思与表达。最近一项全国性的调研发现，中小学大多数教师都参与了学校组织的教学科研活动，87.6%的教师至少每个月都会从事一次教研活动①。各种教师共同体的形成、教师教学工作坊和科研交流平台的建设，以及适合于教育实践的行动研究方法、教育学现象学方法、反思日记方法逐渐在

———————

① 董少校. 教师专业发展报告：中小学教师最期盼减压增能 [N]. 中国教育报，2010-11-27 (2).

教师日常教学生活中的运用等都表明，教育自觉的张力不仅存在于教育理论群体与实践群体之间，还存在于实践本身并逐渐渗入教师个体层面。

2. 教育对社会系统的自觉与超越

教育作为社会系统的一个子系统，与政治、经济和文化等其他子系统相互影响。过去，人们对这种相互影响的认识更多强调政治、经济和文化系统对教育的"决定"以及教育以培养人的方式发挥反作用的功能。这种理解基于历史唯物主义看到了教育受社会客观物质环境和精神环境的影响，但它还显得比较模糊。这种相互影响可能有两种路径，一种是直接路径，即社会其他子系统直接影响教育活动的开展（比如在物质基础、教育目的、教育内容方面的影响）；另一种是间接路径，即其他社会子系统通过影响教育中的人，影响人对教育的反思来影响教育发展。在某种意义上，第一种路径是单向的，第二种路径则是双向的。换言之，人一方面受着社会生存环境的影响和限制，但另一方面作为主体精神存在的人有其自身的精神世界和理想追寻，这是人自身的超越性，它包含着对社会问题的敏感和自觉。这种主体的敏感和自觉使得人可能通过对教育的改造来实现对社会中的病态系统的反抗和超越。这从卢梭的《爱弥尔》、梁启超的《新民说》等对当时代教育与社会发展的影响可以窥见一斑，此外，布迪厄提出的文化再制理论虽然揭示了社会系统对教育的牵制，但这一理论的提出本身就表征着一种反抗，它有助于增强教育的自觉。在当代，随着教育对自身自觉与超越的不断深入，教育对社会系统的自觉与超越愈发明显地表现出来，比如，教育民主化与社会民主化的相互推进、高等教育对科技进步和生产力发展的推动等。教育在社会系统中扮演着越来越重要的角色，不断变革被认为是现代教育的本性和存在形式，"过去，全世界的教育制度总是成为各种趋势的追随者，而不是这些趋势的创造者。现在，教育应当领先于变革，而不是对变革的反映"[1]。与此同时，"教育先行"已经成为社会发展的一种新现象，"教育在全世界的发展正倾向于先于经济的发展……教育在历史上第一次为一个尚未存在的社会培养着新人"[2]。

---

[1] 黄济，王策三. 现代教育论 [M]. 北京：人民教育出版社，1996：193.
[2] 联合国教科文组织国际教育发展委员会. 学会生存——教育世界的今天与明天 [M]. 华东师范大学比较教育研究所，译. 北京：教育科学出版社，1996：35-36.

第二节 德育的精神性

通过引入精神性的概念，从精神层面分别对道德、个体道德发展和教育自身的精神性进行考察，可以认为德育作为一种培养人的道德的教育活动，自然应当指向道德的精神性、遵循个体道德发展的精神路径、实现教育自身的精神性追求。据此，德育在精神层面应当包含两个指向：一个指向外部，即基于道德的精神性（特别是道德条目所表达的人在类层面的精神追求）与教育自身的精神性追求（特别是教育对社会系统的自觉与超越），德育应当秉持道德的理想高度，直面时代与社会发展的精神状况以及人们生活中的道德问题；另一个指向内部，即基于个体道德发展的精神路径与教育自身的精神性追求（特别是教育对自身的自觉与超越），德育要指向个体内在的道德生长。这两个指向即意味着德育自身在精神层面的追求，它们内在统一于德育的精神性中。所谓德育的精神性，是指现实的德育活动所体现的精神性，进一步说，就是源于德育活动中具体的、活生生的、具有主体精神的人以及人与人之间的交往所体现出的精神性。对于德育活动中的人，一般将学生作为德育对象、将教师作为德育主体来认识，虽然这种认识有利于从外部区分和把握教师与学生在德育活动中的角色和位置，但从人的精神层面看，教师与学生都是具有并不断发展自身主体精神的人，都需要在德育过程中展开内在的精神性活动，都需要关注并获得对方的关注，他们在德育活动中都是作为主体的人而存在的。这意味着，虽然教师主导德育活动的展开并致力学生个体的道德成长，但同时，学生的道德成长也会（客观地）影响着教师自身的道德发展。师生之间内在的、循环往复的精神性关联正是德育的精神性的内在要求。

在此基础上，有必要对德育的精神性在理论层面展开深入的考察，尝试确立具有精神性的德育样态。由于人的精神性的具体表征包括精神的内隐性、完整性、自觉性和超越性，对德育的精神性考察也将从这几个方面具体展开，以便明晰其理论架构与边界。

一、 德育的内隐性

（一）德育的起点：学生与教师的内隐经验[①]

基于对精神的内隐性的解读以及对个体道德发展在"生理-心理"层面的德性基础的探讨，可以认为，教师与学生作为具有主体精神的人在德育活动中都携带着自身具体的、与道德相关联的内隐经验。这些经验是具有复杂性的：它们既包括通过先天遗传获得的类的经验图式，也包括后天在社会生活的经历中不断扩展和积累的个性经验；既包括意识层面的可以通过认知、逻辑思维来把握和直接表达的经验，也包括潜意识层面的或只可能通过直觉、体验来触及的（被现代心理学称之为）缄默的经验。这些经验可能存在于个体精神的不同深度，可能包含着内在冲突并在冲突中呈现出某种个性化的价值倾向，因而对于德育活动的展开和个体的道德发展既可能有积极意义也可能产生消极影响。

学生的内隐经验不但包含着学生个体道德生长的潜能（先天经验），更是个体道德发展的支撑性条件，已有的经验会影响学生在德育活动中对外物、对他人的预设和感受、评价与反思。最近的神经科学研究发现，个体的内在经验会对个体的大脑中经常发生相关活动的神经元之间的神经连接产生选择性强化，进而能够将生活世界中的联系转化为神经连接结构，个体由此学习生活中的偶然事件（contingency），并把相关经验整合到已有的经验图式中去[②]。在此之前，也有心理学研究指出过去经验会对人的内隐社会知觉产生显著影响[③]。因此，德育不可能以一种自上而下的方式来赋予学生某种品德，而只能基于学生已有的内隐经验来促进他的道德成长。同时，个体道德发展的精神路径已经说明内隐经验是需要向外表达的，它要在生活境遇中生成学生的个人欲求，德育只有承认和鼓励学生的经验表达，关注学生个性化的渴望和需求，

---

① 使用"内隐经验"这一概念，主要是与客体化的经验知识相对而言，指内在于鲜活的生命主体中的个体经验。

② 巴特罗，费希尔，莱纳. 受教育的脑——神经教育学的诞生 [M]. 周加仙，等译. 北京：教育科学出版社，2011：96.

③ 即在人的内隐社会觉知的过程中，虽然主体自身不能报告或内省某些经验，但这些经验潜在地对主体的判断和行为产生着影响。参见：周爱保. 过去经验对内隐社会知觉的影响 [J]. 心理学报，1998，30（2）：149-153.

才可能引导并帮助他们在经验反思和生活实践中逐渐调适、扩展和升华自身的道德经验。

教师的内隐经验包含着教师个体在日常生活中既定的认识和行为图式，既构成教师自身的专业发展和精神成长的基础，也内在地影响着教师对待学生、道德的态度进而影响德育活动的展开。教师首先是基于自身的内隐经验来认识学生的，他对学生的判断有一个最初的出发点并包含着预设。一些在德育过程中缺乏反思的教师，往往自始至终都认为自己不需要倾听学生就能清楚地知道他们真正需要什么；而善于自我反思的教师则会在与学生的具体交往中不断调适、改造自己的经验。同时，教师的内隐经验影响着教师对道德的认识以及其自身的道德水平，而教师自身的道德高度在很大程度上影响着德育活动的道德高度。因为，客体化的德育内容本身是没有生命力的，它需要在教师的阐释（包括语言与行为的阐释）中通过教师的心灵来感应和影响学生的心灵，而教师内在的精神高度就构成学生在师生交往中可能触及的高度。

总的来说，承认学生与教师自身携带着内隐经验，就意味着德育是以师生个性化的内隐经验为起点而不是以客体化的德育内容为起点；意味着在德育课堂或德育活动中，德育真实地始于师生之间、生生之间的交往而不是某个预定的教学或活动环节。

（二）看不见的交流——德育过程的内隐性

一直以来，基于逻辑定义和线性思维的方式，德育过程往往被划分为几个步骤或阶段来把握，比如，苏联学者提出的德育的五个阶段、价值澄清学派提出的七个分段的德育过程、科尔伯格提出的两难故事教学的四个步骤等[①]。在这些步骤或阶段的划分中，德育是从对客体化的德育内容的呈现开始，以学生对内容的认识（选择）、行为表现和内在接受为主要线索，更多地遵循一条"看得见"的德育路径；这种划分体现出一种"简洁、单一的真理观念"，它有助于探寻德育活动的客观规律并增强德育实践的操作性。但是，现实的德育是具有复杂性的，其真正的起点是师生个体化的内隐经验，这意味着德育过程中必然包含着含蓄性、多样性和弥散性的内容，在德育过程的那些"看得见的"、能够把握的步骤背后，必然还包含着"看不见的"、难以直接

---

① 观点引用自檀传宝于2007年在北京师范大学出版社出版的《德育原理》（第2版）。

确证的部分，即教师与学生心里的语言、不同深度的经验交流以及在交流中生成的"更多"① 等，德育过程更多地具有内隐性的一面。

在德育课堂、德育活动以及具有德育意义的生活事件中，德育真实地始于师生之间、生生之间的交往，而这种交往又是始于并且一直包含着内隐经验的交流，它发生在具体交往行为之前。从师生交往看，教师的内隐经验指向学生并形成对学生的预设，同时学生的内隐经验也指向教师并形成对教师的预设，这是最初的、无法互通甚至可能不自觉的单方面交流。当这种预设自然地向外表达，师生就可能听到自己内心的声音、明确内在的需求。但师生关系在客观上是一种不平等的关系，教师在内隐经验的表达上有更多的主动权和话语权，学生的内隐经验可能会遭受束缚和压制而不能自然表达（也可能通过一些非自然甚至极端的方式表达出来）。在内隐经验的不同深度，与有意识、有目的的经验交流相比，深层内隐的经验往往是自发的、第一时间被调动起来的，它更多地表现为一种感性的力量而不是理智的力量。加塞尔曾将人的理智比喻为人的皮肤，认为理智是人最外围和最容易丢失的，感性则是最基本和相对稳固的②。理智经验更多是一种反思的经验，它只有在感性经验呈现以后才能得以表达，而理智经验与感性经验的碰撞则表征着个体内在精神的浅层与深层的关联以及高度、深度的状态。教师在教学或活动情境中的经验反思正是理智经验对感性经验的观照，它可能在碰撞中实现浅层与深层的贯通，从而使教师能够自达内心的深度。而学生在活动中所表现出的沉默、绝对服从则可能更多意味着自身理智经验对感性经验的压抑，内隐经验的两个层面在冲突中无法贯通，在这种情况下学生难以自达内心的深度。因此，师生之间的内隐经验交流需要教师更主动、更深入地牵引学生来完成，教师与学生在这种经验交流中所能自达的内在深度同时表征着师生内在的互动状况，即师生之间内隐经验交流的深度。诺丁斯强调教师要与学生建立一种关心关系，"关心是处于关系之中的一种生命状态，而不是一套具体的行为方式"③；朱小蔓强调德育过程应该成为情感交往的过程，学生要从中获得安全感、共通感、崇敬感和尊严

① 威廉·詹姆斯使用"更多"这一概念来表达那些超越可见世界、超越能够表达和定义的东西，这里借用它来表达人际交往中生成的与人的内在深层相关的东西。
② 观点引用自何·奥·加塞尔于1994年在商务印书馆出版的《什么是哲学》（译者：商梓书等）。
③ 诺丁斯. 学会关心：教育的另一种模式[M]. 于天龙，译. 北京：教育科学出版社，2011：32.

感①。这些都需要师生内隐经验的深度交流才能完成，真实的德育影响在深度交流中发生。客体化的德育内容在师生的深度交流中获得一种"活"的呈现，它因此可能与人的心灵发生感应②。这种"活"的呈现与师生在深层内隐的经验交流中可能生成的某种"更多"相关联。在深层经验交流中，师生形成对彼此深层的感性认识，同时获得对自身的某种意义，它意味着个体在内隐经验中生成了某种"更多"，他们无法以言语和行动表达出来却能真实地感觉到它的存在并能透过它直觉到生命的美妙与神圣，德育内容在这种意义中获得生命力并进一步生长、扩展出新的主体意义。从心理学意义上说，这种内隐经验的深层交流可能构成学生对德育内容的一种"内隐学习"，即自动的或无意识的学习过程，它使得学生"在没有意识到刺激环境潜在结构的情况下，也能够学会并利用这种结构作出反应"，从而获得难以言表却能够长时间持存的道德交往的缄默知识。

（三）德育效果可能的内隐性和延时性

以往，人们对于德育在概念认识上有一种倾向，即"德育＝道德＋教育"，在这种认识中，道德是作为德育内容而不是德育过程本身来呈现的，它首先关注的是客体化的道德而不是具体的人。这很容易误导出一种前提假设：在德育活动之前学生不具备（完善的）某一种或几种道德品质，而在德育活动结束后学生就应当具备（完善的）这些品质。在此基础上，德育评价往往关注学生是否确知和（言行）表达出道德品质，而忽略德育效果可能具有的内隐性和延时性。德育效果的内隐性与人的主体精神的内隐性以及道德自身的内在要求相关联。冯友兰首先将道德视为一种人生境界，其次才是人居于这一境界中的行为，"道德的行为，固可有感动别人的实际影响，但可有而实际上不必有。……其道德的价值并不因此而减损。……在道德境界中的人，

---

① 朱小蔓. 情感德育论［M］. 北京：人民教育出版社，2005：54-57.
② 只有"活的"、有生命力的东西才能进入人的心灵。人自身的主体生命向外表达，它需要与客观世界发生联系，在这种联系中，主体生命往往通过对客体的灵化而获得其对自身的某种意义。比如，人与书籍、文字相联系，只有在阅读中才能够感受到与他的内心在进行对话的那部分内容，才可能真正进入他的内在深层，才能让他真正"看进去"，不明此理的人则往往"读死书"。又比如，人与花草说话、与石头说话是由于他首先把对象看作是有灵性的东西（尽管这种灵性是人在其意识层面"一厢情愿"赋予的）。

其行为的价值，本不期待别人评定。其尽心竭力，亦本不求别人知之"[1]。对于学生个体而言，道德更多具有本体价值而非功利价值，学生自身的德性修养更多的是精神成长的内在需求而不是标准化考评的竞争需要，德育也因此具有享用功能[2]。从德育过程的内隐性看，真实的道德影响发生在个体内在精神的深度中，学生在内隐经验交流过程中对德育内容的心灵感应以及生成的"更多"首先是一种内在的深层存在，同时，它们被整合到学生个体已有的内隐经验中并成为其主体精神的一部分，是一种内在关联性的存在而不是孤立的存在。因此，学生在德育过程中获得的道德经验往往是在特定的、直逼自我的生活情境中基于内在需求自然地表达出来，换言之，学生道德经验的行为表达更多需要生活情境和内在需求的支撑，它不能单纯地为表达而表达。此外，一些已经发生的道德影响可能力量较弱，需要在后续德育过程中不断获得强化才可能对学生产生"看得见"的作用；而学生对道德内容的理解也会随着生活境遇的改变和生活经验的扩展不断获得新的认识，学生的德性成长有其持续一生的过程，德育不能在某一次或几次乃至某个时间段内真正地完成，德育课堂或活动对学生的道德影响与学生的道德行为并不一定存在即时的对应关系，它更可能也更需要具有延时效应以表明这种影响是深层的、持续性的。

二、 德育的完整性

（一）德育目标的完整性追求

从个体自身的道德发展看，它有一条"由内而外—由外而内—由内而外"不断循环往复、向上发展的精神路径，这一发展过程同时也是人的内在精神层面不断从平衡到冲突再到平衡的自我调适，使人的"精神-心理-身体"不断走向统一与和谐的过程。德育要培养人的道德，必然要遵循人自身道德发展的精神路径，引导学生的内在精神层面不断走向完整、统一与和谐。德育对完整性的追求首先体现在德育目标对人的完整的道德精神人格的追求。这一方面包含着德育在其目标层面注重人的内在精神层面的完整、统一与和谐，即注重人的理智层面与更深入的感性层面、内在精神的高

---

① 冯友兰. 新原人 [M]. 北京：生活·读书·新知三联书店，2007：129-130.
② 鲁洁. 道德教育的当代论域 [M]. 北京：人民出版社，2005：91-101.

度与深度之间的连贯、融通，注重人在道德认知、情感、意志等诸要素的统整、和谐等；在此基础上，德育目标追求人的内在精神与外部的行为表达之间的统一、协调。德育要培养这样的人：他既是自身生活境遇中的体验者、道德反思者，更是在日常生活及其诸多现实困境中坚守自身道德信念和价值立场的行动者。2001 年，在国家第八次基础教育课程改革的小学和初中品德课程改革中已经确立三维目标，明确中小学生在情感、态度、价值观、能力、知识等方面的发展所应达到的具体目标和要求，旨在改变以往德育实践中过于注重知识教学、知识记诵而忽略人在情感、能力等内在精神层面诸多要素的培育和发展的状况；同时，改革还明确"回归生活"的德育理念，以生活为主题来整合课程内容、组织教育教学，在改革的目标层面体现出要将具有精神高度的理想道德与学生的现实生活经验相关联。

（二）德育存在于师生完整的精神时空

精神的完整性的一个重要体现是精神连接着人的内在生命的整体时空，换言之，人的内在精神有其完整的精神时空。从精神时空的指向看，人们运用空间和时间的比喻来认识自身的精神世界，"我们谈论情感或高尚或卑劣，谈及朋友或亲近或疏远。我们说一首诗深深打动了我们，或一次交谈提高了我们的精神境界，空间的比喻都在心理和本体论上运行，帮助我们建构经验和生存的内在世界"①。因此，精神包含有自身内在的高度和深度，精神的高度更多指向未来而深度则更多指向过去②。从精神时空的内容看，人的精神空间是现实生活的多层空间内容在人的内在精神层面的重叠，它包含着人的学校、家庭、社区、自然等不同空间的生活内容；精神的时间维度则关联着人类以及个体自身生活的过去、现在与未来的内容。从某种意义上说，个体的精神时空是超越个体现实生存时空的，德育要观照人的精神层面就必然要观照人内在精神的完整时空，事实上，德育无法回避地存在于这一整体时空中。学生的道德经验存在于内在精神的整体时空，也来源于现实的生活时空，德育无法与学生的精神时空与生存时空截然分割，无法局限于学校的时空场域。基于师生内在完整的精神时

---

① 艾尔金斯. 超越宗教：在传统宗教之外构建个人精神生活 [M]. 顾肃，杨晓明，王文娟，译. 上海：上海人民出版社，2007：42.

② 前文已有论述（见第二章），在此不再赘述。

空，德育的完整性包含着德育内容的完整性、德育过程的不可分割性及连贯性、德育影响的持续性。

从德育内容的完整性看，学校德育所选择的以教材、纲要形式呈现的德育内容只是在学校场域内显性的德育内容，在这些内容之外还客观存在着更广泛的德育内容。学校各科教学内容都包含着隐性的德育内容，学生在日常生活与社会实践中的所见所闻所感也构成他们真实的道德学习材料；这些内容中不仅包含道德价值，也可能包含非道德的甚至反道德的价值内容，它们都构成学生认识道德以及道德生活的原材料。德育内容的完整性就意味着在学校显性的有选择的德育内容之外，承认在内容层面的德育资源的广泛性和复杂性。那么，国家、学校层面的显性的德育内容对于学生的道德发展究竟有何意义？可以认为，其意义就在于它包含着德育要"立"的道德价值内容，它要转变为学生个体发展自身精神、抗衡现实生活境遇的一股道德力量，但它必须与学生心灵深度连接才可能发挥作用。学校德育正是在这个意义上才是有目的的、自觉的。从德育过程的不可分割性与连贯性看，德育不可能在某一次或某个时间段内完成，也不能以具体内容完全划分出不同的德育过程来（比如这次教自尊自信、下次教尊重他人），在学生内在完整的精神时空中，德育过程真实地包含着道德的全部内容并贯穿学生的生命成长过程。因此，德育不是抽离于单独时空的活动，学校具体的德育活动必然要同时关联学生已有的德育经历、道德经验和学生未来的生活，要连接他们道德成长的过去、现在与未来（而不仅仅是现阶段）。在这个意义上，德育是未完成时的，它不是可以分割评判的活动，学生对具体的道德内容的理解往往会随着自身生活境遇的改变和生活经验的扩展而不断丰富并获得新质。从德育影响的持续性看，正是个体内在精神时空的完整性使得德育可能产生持续的影响力，特别是那些进入学生深层内在的德育影响往往可能超越现实生活时空的限制，持续地观照和支撑学生内在的道德生长。苏霍姆林斯基曾认为真正的教育是那些忘不掉的东西，即学生毕业以后很多年，学校里教的东西都渐渐忘记了但还有一些东西是忘不掉的，这些忘不掉的东西才是教育。帕尔默也指出："好的老师交给我们的知识会淡忘，但对好的老师本身却会长久铭记。""心灵导师的力量在于他们能唤醒我们内心的真谛，这是多年后通过回忆其当初对我们生活的影响，可以重新点燃的真谛"①。总体来说，德育的完整性并不意味着德育的封闭性，相反，它昭示了德育是开放的即对现实生活开放、对未来生活开放。

三、 德育的自觉性

精神的自觉性意味着主体精神对自身、客观世界以及二者关联的敏感和意识，以此从精神层面考察德育实践，德育有其自身的自觉性表现。学校德育作为有目的、有计划、有组织的教育活动，其目的性、计划性和组织性本身就表征着德育对自身的一种意识，它不是自发的、离散的活动，而是自觉的活动。这是德育自觉性的第一个层面，它更多体现的是德育对自身与外部系统的关系的自觉，主要由各级教育行政部门通过制定、调整相关方针政策来完成。从德育的内部系统看，德育的自觉性主要是对自身目的、内容、过程和结果等的敏感、意识与反思，这需要通过具体德育活动中的人即（主要是）教师来完成。在这个意义上，德育的自觉性进一步体现为教师的德育自觉性以及在教师引导下的学生的德育自觉性，它更多受到教师自身的道德意识、德育意识以及在德育活动中所体现出的清醒、敏感、觉知、反思等方面品质的影响。

（一）德育目的与内容的自觉：直面生活中的道德精神困境

对教师而言，国家层面的德育目的、目标以及德育课程理念、标准和内容等是一种自上而下的教育要求，它帮助教师有立场、有方向地认识和把握学校德育活动；德育的自觉性首先要求教师要熟悉与掌握这些政策文本、纲要和教材内容，这是学校德育活动得以展开的前提。但这些内容同时也可能成为对教师的一种束缚，特别是当教师习以为常地把它们作为一种客观的、不会改变的、无需置疑的"给予"时，他们就可能按部就班地来完成德育活动而忽略自身与学生的个体化的生活经验以及现实生活内容的鲜活与复杂。因此，在掌握自上而下的德育目的与内容安排的基础上，德育的自觉性强调教师对自身现实生活的自觉。这需要教师能够抗拒现实生活中的平庸和习以为常，进而意识到现实生活有其主观性的一面即"现实和其他所有东西一样，是被

①　帕尔默. 教学勇气：漫步教师心灵［M］. 吴国珍，等译. 上海：华东师范大学出版社，2005：22.

解释出来的";教师应当对从自身生活展开的社会生活有敏感性,"他们自己必须更加投入他们自己的生活中,他们必须打破机械的生活,超越他们自己习惯性的行为方式……并且开始问'为什么'"①。这种自觉表征着教师的主体精神性,它使得教师有可能在自身的现实生活中有意识地把握时代与社会的发展状况(特别是精神状况),并以自身应有的道德高度觉察社会生活中的道德及相关问题。在这种自觉的现实把握与觉察中,教师主体精神层面可能会自然地形成理想道德追求与生活现实感之间的落差,这使他可能更清晰地意识到现实生活中的道德精神困境。在此基础上,教师才可能对客体化的德育目的与德育内容形成个性化的理解和阐释,同时,他也才可能真正地意识到他要面对"日常生活中经历到的使人筋疲力尽的问题:我们应该如何教育年轻人? 我们给了他们什么样的希望? 我们如何告诉他们去做什么"②,换言之,教师立于生活中真实存在的道德精神困境来把握德育目的和德育内容,进而能够清醒且明确地知道他究竟想要通过德育带给学生什么东西。

(二)德育过程与结果的自觉:师生的自我反思活动

当教师在德育目的和内容方面明确自己究竟想要带给学生什么以后,他们就更可能在德育过程中时刻提醒和检查自己究竟是如何做的。德育过程的自觉性包含着对其内隐性的观照,它首先体现在教师对自身内隐经验的自觉以及对学生的认识与再认识。对教师而言,认识自我是认识学生的前提,正如帕尔默所言:"当与学生面对面交流时,唯一能供我立即利用的资源是:我的自身认同,我的自我个性,还有身为人师的'我'的意识——如果我没有这种意识,我就意识不到学习者'你'的地位"③。在德育过程的师生交往中,教师往往基于自身的内隐经验来获得对学生的第一印象,这种印象更多地受到教师内在深层的感性经验的影响,包含着教师天然的喜好;这其实是对学生的一种预设,可能是一种强加于学生之上的印象。但具有德育自觉性的教师往往能够对此展开反思和反省,他们往往可能在关注并发掘学生个体生活经验的过程中形成对学生的再认识,只有当教师真正认识学生的时候他才可能走进学生的心

---

① 格林.	"清醒"和道德地生活 [J]. 中国德育,2010 (1):32-37.
② 格林.	"清醒"和道德地生活 [J]. 中国德育,2010 (1):32-37.
③ 帕尔默. 教学勇气:漫步教师心灵 [M]. 吴国珍,等译. 上海:华东师范大学出版社,2005:10.

灵；这个过程同时也是教师对自身再认识的过程，教师在对德育过程的自觉与反思中不断生成自己。

从另一个方面看，德育过程的自觉性体现在教师带领学生对过程中自身教学交往的反思，即德育活动中教师对自身教育活动的反思，以及教师在反思师生交往的同时有意识地引导学生反思自身在德育过程中的师生关系、生生关系。其中，教师对自身教育活动的反思主要包括对德育理论与实践关联的觉知、反思，以及对自身道德的觉知和对具体教育行为的反思等；对于学生，教师应当尽可能多地了解和熟悉每一个学生已有的生活经验和当前的生存境遇，了解他们内心的不同的真实需要，了解他们对自己、对同学和对教师的认识等；同时，教师要直面德育过程中的师生冲突和生生冲突，引导学生通过表达内心、分享感受与换位体验等有效方式逐渐自觉地、积极地认识、调整和改善德育过程中的人际关系，并在这种改善中获得对自身、对他人以及对德育本身的认识。此外，德育的自觉性还要求教师有意识地带领学生对德育结果进行反思（这在过去往往被忽略）。德育活动结束后，教师在对德育活动本身进行全面总结的同时，应当有意识地带领学生一同总结、分享、交流和反思德育活动究竟给各自带来了什么，教师应当把它作为德育的重要组成部分，并在这一过程中帮助学生逐渐养成他们对德育的自觉意识。需要说明的是，在教师的德育自觉性中，教师的反思一定是基于自身的清醒、敏感和觉知基础上完成的，它是深入内在的真正的反思而不是操作形式上的反思[①]。

四、 德育的超越性

精神的超越性意味着精神的自我实现，从这一层面考察德育，德育的超越性也意味着德育的自我实现，即学生与教师在德育活动中逐渐生成或完善自身道德，德育实现了自身的功能。换言之，德育的超越性意味着德育充分尊重并关注自身的内隐性，并在自觉性的基础上使德育复归完整性（目标层面）。与人的主体精神的超越性相关联，同时基于教育自身的超越追求，德育的超越性包含两个方面即对外部的超越与对

---

① 纯粹操作上的"反思"是形式化的，教师往往是被动的、缺乏真正自觉并且具有欺骗性，这种情况存在于当前一部分学校的德育实践中，由于学校强势的自上而下的科研体制，一部分教师走向"为科研而科研，而不再是为教学而科研"之路。

内部的超越，其中德育对外部的超越意味着对束缚的一种抗争、突破，而德育对内部的超越则意味着主体不断走向一种统一与和谐；这两个方面统一于学生与教师在德育过程和道德生活中对其自身的超越，即同一过程的两个方面，德育的精神性在这个过程中得以完全展现，德育由此走向自我实现（即德育成其为德育）。

（一）德育的外部超越：张力中的突破

德育的外部超越主要是指德育在社会层面的超越，它一方面体现为学生与教师在德育过程中直面现实生存境遇中的伦理道德难题及精神困境，与之相抗争从而突破社会层面的束缚，实现自身的道德发展；另一方面体现为学生与教师在道德实践中致力对社会道德生活的积极改造。

德育的自觉性要求教师能够直面社会生活中的道德问题与时代的精神困境，这种"直面"的态度不仅仅是指不漠视、不回避，还包括教师有技巧、有智慧地将现实的道德精神困境引入德育活动中，使学生与之照面；换言之，教师要带领学生共同地直面现实困境。这种自觉的态度本身就具有精神层面的影响力。由于这种困境是由教师引导学生自觉地发现的，它对于师生而言更多是一种外在的、强势的束缚与压抑，因此，师生在共同面对困境的过程中会自然地感受到冲突。这种冲突会引起师生内在相应的（更多是负面的）情绪情感体验，比如，无力感、被迫感、恐惧感等。这些负面的情绪情感体验正是内心的深层面对外部束缚与压抑的一种本能的反抗和表达，它表征着某种来自内心深处的力量，但它是不清晰的、模糊的，个体可能并不能明确这些情绪情感的具体内容及对象。在这个意义上，这些情绪更多地相似于海德格尔所谓的"畏"（angst），它是人的一种先天固有的基本情绪，"在畏这种情绪中，作为此在的个人超脱了日常生活中的世界与他人的制约，摆脱了沉沦的状态而回复到了此在在世的在本身之中"，但是它"又是处于茫然失据的状态……使人感到无可名状的恐惧"。海德格尔将这种状态称为"不在家状态"（Nicht-Zuhause-Sein），人为逃避这种状态而放弃本真倾向于沉沦，但始终无法摆脱"畏"，因此，人为了达到自我本真的存在需要从"畏"中找出路（而不是逃避）[①]。可以认为，"畏"的情绪本身包含着张力，

① 刘放桐. 现代西方哲学：下 [M]. 北京：人民出版社，1990：604-605.

它包含着人回到本真的可能性。在德育过程中，基于德育的自觉性，教师与学生在经验的分享、交流与反思中不断地将这种与"畏"相似的内隐的、深层的、模糊的情绪显性化，使其进入主体的意识层面并成为反思与讨论的对象。在这个过程中，师生就可能在现实困境中听到自己内心的声音并更加清晰地认识自身从而确切地知道自己究竟想要什么（即看到自己的本真），他们也就更可能在冲突的张力中寻求抗衡、突破甚至改造，而不是顺从和沉沦。

（二）德育的内部超越：理想高度与心灵深度的统一

总体来说，德育对内部的超越主要是指德育在个体层面的超越：教师的德育自觉使其既立于道德的理想高度，又充分关注学生的个体生活经验和内心的道德需要，关注学生内在精神层面的理想与现实的冲突，致力使学生在德育过程中不断获得真实而丰富的道德体验，不断扩展自身的道德认识，以帮助学生实现内在精神层面的冲突调整，连接和贯通道德的理想高度与心灵深度，从而促进学生的自我超越，实现个体内在道德的发展。

德育内容作为一种客体化的道德精神，更多地代表着人的类的道德价值追求和精神高度，它对学生而言，是一种外在的理想高度。而心灵深度更多地与学生的个体经验关联，它包含着人的先天经验与后天经验。从个体道德发展的精神路径看，这种外在的理想高度可能通过与学生"生理-心理"层面的与之价值倾向相契合的部分德性基础相结合，从而使之转化为内在的精神高度和理想追求，但这一结合也导致了内在精神层面的矛盾与冲突即为理想高度与心灵深度之间的冲突，它更多地表现为理想高度对心灵深度的压抑，在这种情况下，只有当外部环境有助于使理想高度与心灵深度之间形成某种内在的张力，学生才可能生成个体的"具体-普遍"的道德①。这意味着，德育要实现内部超越就不能忽略、回避学生的内在冲突，相反应当承认、呈现甚至适当"制造"一些内在冲突，同时创设恰好的外部环境并帮助学生形成内在理想高度与心灵深度之间的某种张力。这种张力"并不是要固执地把我们撕裂。相反，它是

––––––––––––––––––––

① 前文已有详细论述（见第二章），在此不再赘述。

想让我们向比自我更强大的力量敞开心胸"①，从而实现个体心灵深度与理想高度的贯通、统一。在某种意义上，这种张力撑开了德育的内在空间。因此，教师首先应当允许并鼓励学生以自然的方式表达内在经验，它可能牵引学生心灵深度层面的上升而不是被压抑，学生经验的表达与交流有助于学生之间的经验分享以及自身的经验调整；同时，这也意味着德育活动应当有相对轻松的对话或交流氛围，这种氛围本身有助于冷冰冰的、客体化的德育内容（理想高度）形成一种张力，而教师表现出的尊重、倾听、宽容与信任等都有助于学生内在积极的情感体验，更容易使学生向教师敞开心扉。只有在学生心扉处于一种敞开和接纳的状态下，理想高度才可能与心灵深度连通，深层经验在自然地上升、表达与意识、反馈中获得可能的调整，而内在的道德理想高度也在经验表达与意识中与深度相协调。

---

① 帕尔默. 教学勇气：漫步教师心灵［M］. 吴国珍，等译. 上海：华东师范大学出版社，2005：85.

第四章

德育的精神性之现实场域：师生生活

我们不能被选择投进怎样的一个世界，这是生命被注定的一面；当我们与世界中的事物作出应对时，我们面对种种可能性，这是生命开放的一面。

——［西］何·奥·加塞尔

　　在理论层面确立德育的精神性及其架构，从而在整体上把握具有精神性的德育样态，旨在追求指向人的心灵成长、精神发育进而培养完整人格的德育理想，而想要在这条道路上走得更远一些，还需要再回到现实的德育生活，回到德育中具体的人的生活。德育所要培养的完整的人是能够面对复杂生活的人，他能够运用所学的知识较好地处理生活中的各种关系和矛盾；德育最终是要教人学会生活，"学会生活不仅需要知识，而且需要在学生自己的精神存在中把获得的知识转变为智慧和把这个智慧融入他的生活中"①。而德育的精神性本身也要求德育应当向生活开放，直面和超越师生在生活中遭遇的精神困境和道德问题。因此，对德育的精神性的考察不能忽略和回避活生生的德育事实。在这一点上，现象哲学要求抛除理论前见，回到事实本身的基本立场是有益的，"科学和哲学的观念世界只是人们在实践活动中创造出来的一件生活世界的'理念的衣服'"②，反过来说，德育的理念追寻如果不能直面现实生活中有着诸多关联的鲜活复杂的德育事实，它就是无力的甚至是虚假的，不过是一件"皇帝的新装"。师生的生活世界是德育得以展开的现实场域，这里包含着活生生的德育事实和急需理论来揭示、解答的德育问题，在这里，对德育精神性的理想追求必然要遭遇现实的困惑、矛盾乃至正面冲突，陷入生活中最真实的德育两难境地；但也只有在这里，德育的精神性才可能获得鲜活的、多样的、真实的阐释，才可能展现德育的理想力量进而握住突破现实困境的钥匙，找寻到一条通达德育之可能路径，即德育在其应然层面的必要性才可能转化为实然层面的可能性。

第一节　生活空间层叠下的精神样态与德育

　　现实生活中，人只能真实地存在于相对独立的具体时空，比如一个人晚上八点在

① 莫兰. 复杂性理论与教育问题 [M]. 陈一壮，译. 北京：北京大学出版社，2004：133.
② 刘放桐. 现代西方哲学：下 [M]. 北京：人民出版社，1990：564.

家看电视，那么，他在这个时刻就一定是在自己居所的私人空间里活动而不可能身在广场、超市或者其他具体的公共空间；但在精神生活中，人内在的精神时空却是可以超越具体时空限制的，比如，电视里正在播出广场上的娱乐新闻，那么这个看电视的人可能获得身临广场的直观感受，同时可能回忆起过去某个具体时刻或是想象将来某个时刻自己参与到这些活动中的情形。可以认为，在德育生活中，师生的内在精神空间正是其现实生活空间的层叠，并且，这种层叠不是简单的叠加，而是包含着社会、家庭、学校、班级等不同具体时空内容在人的精神层面的交融，这种交融包含着现实具体时空内容之间的相互渗透与影响，它生成学生的内在经验并意味着个体生活经验的复杂性。这使得德育不能被完全割裂为具体时空中的活动，也无法局限于学校的现实时空场域；德育要观照人的精神层面必然需要关注不同现实具体空间中所呈现出的精神样态以及它对学生的影响。

一、 社会生活的精神状况与德育反思

（一）社会传媒文化带来的德育困境与反思

现时代，社会信息化和大众传媒的发展导致了"童年的消逝"①，儿童与成人共在社会文化生活中，成人再难以对儿童屏蔽社会问题，进而使得"儿童面对的是一个和成人社会一样充满问题的世界，而不仅仅是阳光灿烂……好人永远幸福的纯洁的童话世界"②。同时，"后喻文化"（post-figurative culture）现象的出现影响着传统的文化传递和代际关系，在社会文化生活中，长辈有可能反过来向晚辈学习。因此，对学校来说，学生"已越来越带着一个世界的——真实的或想象的——痕迹，它大大超出家庭和附近社区的范围"③；某种意义上，学校在学生面前已经渐渐丧失一部分传统的教育优势，学生在学校之外可能受到力度更大的"教育"影响，因而也就产生了所

---

① 观点引用自波兹曼于 2004 年在广西师范大学出版社出版的《童年的消逝》（译者：吴燕莛）。
② 魏曼华. 当代社会问题与青少年成长 [M]. 福州：福建教育出版社，2005：104.
③ 国际 21 世纪教育委员会. 教育——财富蕴藏其中 [M]. 联合国教科文组织总部中文科，译. 北京：教育科学出版社，1996：135.

谓的"5＋2≤0"的问题①。社会精神生活对学生的影响已经成为影响学校德育的重要因素，最近一项面向全国中学的调研显示，教师们认为外部环境中对德育影响最大的三个方面依次为大众传媒、社会道德水准和社会治安；与此同时，以电视、报刊为主的大众传媒成为学生了解思想品德（政治）方面内容的主要渠道，教师与家长在这方面的作用远远低于大众传媒②。这些意味着当前的学校德育必然要面对社会信息化发展带来的挑战，为了赢得学生，学校德育似乎更需要与学校之外的负面影响相抗衡。但有的学校对这种影响似乎缺乏应有的积极性和主动性而更多地表达出无力感，它仍在自身已有的"系统"中运行并不太愿意打破它，较少地思考社会层面的精神问题与学生生活、德育内容之间的关系。比如，有研究指出，全国近四成的教师认为学校德育在社会环境的压力下是无能为力的，（针对大众传媒的影响）近三分之一的教师和约一半的学生都认为所在学校没有开展过网络道德方面的教育，超过三分之一的学生、教师和家长都认为德育内容离现实生活太远，近一半的学生没有参加过社区志愿者服务活动等③。在这种情形下，学校德育越来越可能成为埃德加·莫兰所说的"被围困的城堡"——

"教育领域不应该关闭于自身，如同在传媒文化汹涌澎湃的形势下被围困的城堡。这种传媒文化外在于学校，被知识世界所不理睬和鄙视。但是认识这种文化……有助于了解传媒主题所反映和透露的我们的'时代精神'所特有的向往和顽念。在这个问题上，教师与其不加理睬而让他们的学生任其滋养，不如说明这些电视系列片透过它们的俗套和千篇一律的观点……讲述的是我们生活中的憧憬、担忧和顽念……"④

应当承认，莫兰的批评是比较深刻的，时代精神状况渗透于社会生活、社会文化

---

① "5＋2≤0"是当前学校教育中流行的一个不等式，其含义是指学校对学生5天工作日的正面教育被社会对学生2天周末休息日的"负面影响"抵消掉了。
② 檀传宝. 问题与出路——若干德育问题的调查与专题研究［M］. 杭州：浙江教育出版社，2009：107-112.
③ 檀传宝. 问题与出路——若干德育问题的调查与专题研究［M］. 杭州：浙江教育出版社，2009：107-112.
④ 莫兰. 复杂性理论与教育问题［M］. 陈一壮，译. 北京：北京大学出版社，2004：168-169.

现象中，它通过大众传媒自发地、离散地漫延到学校中；教育所忽视的学生的那些社会生活内容恰恰部分地表达着学生内在精神发展的渴求，并构成他们群体文化的一部分。诸如流行歌曲包含的情感诉求、偶像剧中的青春形象、明星八卦透射出的成长经历、网络语言的个性表达等与学生在日常生活中的细微的生命感受与成长体验相关联，它们往往被学生自发地交流、分享并从中生成自身所理解的生命价值。但这些娱乐节目、新闻、广告等可能与学生在学校里学习的系统化的知识内容形成竞争甚至背离的局面，"这些信息常常被编成简短的片断，对学生的专注力的延续时间产生负面影响，因而也对课堂内的关系产生负面影响"①，它们因此容易被德育单一化、极端化地处理（不是对就是错）而往往缺乏包容性、辩证性的理解。这些评价可能更多地基于学生的学科知识的学习状况而不是内在精神层面的发展需要，进而先入为主地将教师与学生划归到两个貌似没有交集的精神世界（如成人文化与青少年文化）。其实，教师（特别是现在"80 后"的青年教师）作为成人同样会受到这些传媒文化（或许不乏深刻）的影响，比如，一项针对 2005 年《超级女声》节目不同年龄段观众收视状况的调查发现，"55 岁以上的观众占 5.4%，25 岁以下的占 39.9%，26 岁至 35 岁的占 21.1%，36 岁至 45 岁的占 17.1%，46 岁至 55 岁的占 16.5%"②；与学生不同的是，教师基于已有的阅历和经验可能会对同样的文化事件有不同的价值体认和判断，但是教师不能盲目地以自身群体的文化喜好来评判学生群体的文化喜好，进而忽略了自身的教育立场，教师应当意识到自己是可能基于学生的社会文化生活来与他们对话的。如果反过来看，这些内容其实可以成为德育帮助学生认识自我、反思自我的资源，它们对学生而言是真实的、内在于生活的、更能唤醒深层感性经验的，学生是乐意谈论它们并且在谈论的过程中敞开心扉、表达自我的，只有在这种自我表达的基础上学生才可能深入地认识、反观和调整自己。

（二）面对社会道德困境的德育作为

作为教育面对中国社会转型过程中所遭遇的精神困境与社会道德问题的一种挣扎

---

① 国际 21 世纪教育委员会. 教育——财富蕴藏其中［M］. 联合国教科文组织总部中文科，译. 北京：教育科学出版社，1996：135.

② 钱庆. 超级女声火爆荧屏的秘密——5 城市观众调查［J］. 市场研究，2005（9）：17-19. 萨支山，杨早. 话题 2005［M］. 北京：生活·读书·新知三联书店，2006：3.

和抗衡，与 20 世纪 90 年代初以来国内逐渐掀起"国学热"[①] 相呼应，20 世纪 90 年代中后期开始部分幼儿园、小学、中学甚至大学逐渐兴起一场全国性的读经活动[②]；同时，社会中也出现各种名目的"读经班"，一项走访调查显示在社会教育行业里"'读经'班就像各种英语班、奥数班一样火爆，参与'读经'的中小学生越来越多。这些'读经'班向家长们承诺，通过诵读古代经典，能够使孩子形成孝亲敬长、诚实守信的道德品质，养成举止文雅的道德行为，促进道德修养的提高和人格的健康成长等"[③]。近年来，关于中小学生的读经活动已经引起社会较广泛的关注和争论，总的来看，这种读经活动的最初意愿更多是期望通过一种经典文化教育使学生形成一些传统良好的道德品行和古典文化素养，其具体形式更多表现为通过诵读、记忆来学习《弟子规》《论语》《大学》《中庸》《孟子》等传统儒家经典。但是，无论从社会发展还是个体内在的道德成长看，这种形式都难以实现其美好愿望。首先，这种读经教育仍然是一种"给予"式的知识化德育，只不过在给予的内容上换掉现行学校系统的德育教材，代之以传统的四书五经；它更多是把传统美德作为"现成品""拿"给学生，似乎学生"接"过这些"现成品"只需要"使用"它们就可以了，这些"现成品"对学生而言更多的是工具意义而缺乏本体价值，它们难以进驻心灵而更像是"身外之物"。因此，尽管专注于诵读（有人称之为快乐的诵读）可能会对学生内在的体悟产生一定的心理学意义（所谓"读书百遍其义自现"）从而有助于"识"道德，但它难以解决人内在的、持续的道德"动机-能力"系统方面的问题。与此同时更要紧的是，读经教育回避了社会现实问题。尽管传统经典文化中包含着一些基本的道德价值，比如"孝""仁""信""义""礼"等，但它们都是客体化的精神，在不同时代的文化背景和社会关系中需要通过人的主体精神来给予具体的、鲜活的阐释。进一步说，道德内在于鲜活的人的生活关系中，在现代社会生活变迁的过程中，人们的道德价值观念

---

① 1992 年初北京大学成立中国传统文化研究中心并筹办以及出版《国学研究》学术集刊，1993 年《人民日报》对其研究现状与成果给予整版篇幅报道，北京大学学生会和学生社团积极响应并联合组织"国学月"活动。参见：陈来. "国学热"与传统文化研究的问题 [J]. 孔子研究，1995（2）：4-6.

② 早在 1992 年王才贵在台湾发起"少儿读经"活动，1995 年赵朴初、冰心、巴金等九位全国政协常委在第八届全国政协会议提出"建立幼年古典学校的紧急呼吁"的提案，随后中国青少年发展基金会在全国范围内开展"中华古诗文经典诵读工程"，李振村在山东潍坊市实验小学发起、组织并在多省市推广诵读经典实验等。

③ 佟春营. 对"读经热"现象的考察与反思 [D]. 天津：天津师范大学，2009.

已经受到冲击，一些传统的道德价值受到挑战，另一些传统价值被现代生活赋予新的道德内涵，同时又出现一些新时代的道德价值元素。一项关于全国青少年思想道德价值观状况的调研发现，学生对道德价值认识的时代性因素逐渐增加，部分传统的道德观念在他们现时生活中有了一些变化，比如，约三分之二的学生在处理父母子女关系时对"孝顺"的认识与传统观念不同，认为孝而未必顺、顺也未必意味着孝，体现出较强的独立自主意识和理性思考能力；与强调、注重退让无争的"谦虚"观念相比，超过三分之二的学生认为自我表现比谦虚更为重要，体现出较强的自我意识和表达意识；同时，近五分之四的学生不认为银行职员为保全个人生命而交出金柜钥匙是一种懦夫行为，更注重以人为本的鲜明道德价值倾向；对于"爱国"，学生也表现出更为理性、宽容的爱国态度和国际视野[①]。因此，纯粹意义上的读经活动（以及系统化的道德知识、道德规范的学习）远不足以阐释和应对学生在现代社会生活中遭遇的道德难题。

从当前的社会精神与道德状况看，面对复杂的、牵涉个人利益的生活事件，人的道德危机与"应该不应该"的问题相比更多是"能不能"的问题，与人的知识甚至个人涵养相比更多关涉人的道德智慧，与想不想行道德的困惑相比更多是如何行道德的难题。德育应当如何引导学生去过好的生活？可以认为，德育不再是一味地要把学生"圈养"保护起来建构道德神话，而是要让学生勇敢面对与他们相关联的各种现实生活矛盾，学会更加智慧地处理问题；德育也不仅仅是自上而下的"给予"学生某种纯粹的、正确的道德价值，而更多需要引导学生在对生活事件的判断、分析和认识中将抽象的道德价值具体化，并帮助他们探讨如何在生活中去坚守、践行自己的道德信念，这正是德育所应有的开放性和活力的体现。具体来说，德育不仅要教学生"做好人"，更要教学生"如何做好人"，德育要回到学生的时代生活，要分析时代生活已经发生和正在发生着的变化，关涉时代价值观的内容都可以拿到德育课堂中让学生共同分析、讨论和争辩。例如，有位校长倡导全校学生家长订一份《××周刊》的时评杂志并将这份杂志作为校本德育课程的主要讨论内容，由于杂志内容本身包括最新的社

---

① 出自：全国教育科学"十一五"规划国家重点课题"社会变革时期青少年思想状况的新情况及对策研究"调查报告。

会文化问题、经济问题、政治问题等，因此学生也讨论这些与他们每日生活息息相关的问题①。在这种讨论过程中，学生会遭遇现代社会多元文化价值的冲击，但他们可以在这样的冲击中获得"真实感"，这种真实感迸发于生活的困惑与矛盾中，它不单纯是对生活的真实并且更多地包含着对自我的真实，而正是从多元价值中获得"真实感"支撑的那种价值才可能成为学生主体生命的内在选择。由此看来，并不是复杂的生活事件本身从根本上导致了学生道德成长的危机，而是学生在这些事件中产生的内在的困惑、迷惘得不到表达与分享，得不到有意识的、有方向的牵引，从而没有形成内在的可超越的空间；同时，学校与社会在促进学生内在精神发展的问题上也不是一种绝缘的或者对立的关系，学校不应当始终将自身置于与社会影响相对立、竞争的角色，社会生活内容可以成为学校德育取之不尽用之不竭的源泉。

二、 校园生活文化氛围中的德育

相对于学校之外的社会生活，校园生活是学校可以把握和设计的生活空间，而校园生活各方面所体现出的文化精神往往被认为是一个学校更为基础、深层的典型特征，往往被视作学校精神价值的实质所在。一直以来，从各级教育管理部门到学校层面都将校园文化建设（即营造校园文化的精神氛围）作为学校德育的一个重要方面。关于校园文化氛围对学生道德成长的意义，可以通过涂又光提出的"泡菜坛子说"来理解。他将人文教育比喻成做泡菜，认为人文教育应该在人文环境的基础上自然形成——

"泡菜制作过程中萝卜不是被动地接收，而是要把自己的水分挤出来，外面的卤水要进到萝卜里去，这个过程是一个双向的、互动的过程。这样形成的人文教育就是一个很生动的、双方互相交换自己的成分的过程。这样的人文教育才是自然形成的，才能真正成为受教育者本身生命的一个组成部分。"②

在这一比喻中，腌制泡菜的味道主要取决于泡菜汤水的浓度和味道。从学生的角

---

① 出自：全国教育科学"十一五"规划国家重点课题"社会变革时期青少年思想状况的新情况及对策研究"专题报告：《问题与回应：社会变革时期青少年思想道德价值观教育研究》（暂未发表）。
② 观点引自涂又光的《人文教育就好像是做泡菜》。

度看，他在经过校园文化的"泡"的过程后就会自然地携带着这种文化，这种文化就融为他精神生命的一部分。如果校园生活中的文化氛围是稀薄的，精神是贫瘠的，学生"泡"过以后可能就是"淡味"的；相反，如果学校的文化氛围是浓郁的，精神是深刻的，它就可能在学生身上留下可识别的标示①。具体来说，在校园生活中，学生是日常性处于学校内各种关系性氛围中的，学校携有人文气息的物质环境、制度管理方式、师生关系等都可能构成一种自然的道德体验场，包含着"有效诱发和唤醒道德体验的因素，并不断生成具有道德体验之诱发和唤醒价值的有效线索"②。这种道德体验可能是反复的、持续性的、自然并逐渐深入的，进而可以不断连通、调整学生已有的个体道德经验，从而产生专设德育课程和主题德育活动所难以达到的德育效果。校园文化也因此被一些学者看作是学校德育的一种包含着潜在道德影响的隐性课程。

（一）校园物质环境中具有德育意义的"关系"

在校园文化建设中，一个基本方面是对校园物质环境文化的建设，即致力通过校园中的物来展现一种精神氛围。校园的物质环境和设施是学校教育得以开展的基本保障，但校园环境不能仅限于保障而应当具有教育的含义，它需要呈现出具体的、清晰的教育意图与设计。杜威曾经指出："任何环境，除非它已经被按照它的教育效果深思熟虑地进行了调节，否则就它的教育影响而论，乃是一个偶然的环境。"③ 在这方面，学校不能一厢情愿、自以为是地将成人的好意强加给学生，而需要更多地尝试用学生的视角来发现他们真实的兴趣和需要。曾有学者在会议报告中通过展示大量中小学校的校园照片来表明一个事实：学校的校园文化有较明显的说教化倾向，学校更多是从成人的视角、管理的视角来布置环境，在"为了学生"的口号中造成态度上学生的缺位和成人的越位④。另有研究数据表明，学校文化建设从形式上得到教师与学生较高的评价但其实际效用并不明显：绝大部分教师认为所在学校十分重视校园文化建设，大部分学生认为所在学校环境很优美，但不到四分之一的学生表示会经常注意学

---

① 比如，在高校内外所谓的"北师人""北大人""清华人"等就是对这种文化标示的表达。
② 刘惊铎. 道德体验论［M］. 北京：人民教育出版社，2003：176-177.
③ 杜威. 民主主义与教育［M］. 王承绪，译. 北京：人民教育出版社，1990：21.
④ 观点引自：2011年3月18日北京师范大学英东318会议室"农村教育的质量与公平：理论与实践的对话"会议分会场毛亚庆教授的报告。

校张贴的各种名言警句，多数学生只是偶尔看一看①。可见，如果学校环境不能与学生的文化感受相贯通，它就可能是低效甚至无效的。对此需要指出，校园环境应当是包含着关系性内涵的，这种关系性内涵体现为客体的物可以对主体的师生"散发"出一种吸引和邀请，师生正是通过这种吸引和邀请在与物质环境互动的过程中获得其对自身的意义。这里主要有三种情况：一种是自然的吸引和邀请，即无须学校过多地牵引而只需要呈现物质就可以完成。比如，学校新建并开放了篮球场、乒乓球台、羽毛球场等，并不需要刻意告诉或者组织学生去活动，自然会有一些学生自发地在课间与它们"互动"；而经常发生这种"互动"就会在学生与这些运动场地之间建立起一种联系感：在这里，他们有了故事、可能发生过冲突、凝结过友谊等，从而使得这些物质环境很自然地成为他们回忆的一部分，成为他们生命里抹不掉的过去。第二种情况是设计的吸引和邀请，即需要学校有意识、主动地引导和组织学生与环境展开互动，从而帮助学生在校园里获得一种指向个体的关系性存在。第三种是前面两种情况的综合，即学校通过有意识地设计、调整具有自然吸引力的物体设施，从而有意又自然地影响学生。现以江苏省某小学校园环境为例说明后两种情况——

"学校进门有一个普通的广场，校长称之为'欢乐广场'并说他一直努力要使它成为让孩子记忆一生的广场。广场四周飘扬着别致又造型各异的鲜艳旗帜，这是学生以班为单位自己设计的班旗，评比获得优秀的班级可以在这里展示自己的班旗。在教学楼侧有一面'百爱墙'，上面写有一百个不同的'爱'字，分别来自学校的校长、教师、学生和联谊学校的师生们，据说每个'爱'字背后都有一个关于爱的小故事。楼道的横幅标牌更多是写一些通俗易懂的道理，如'把每一件简单（平凡）的事情做好就是不简单（不平凡）'。在校园仅有的两条大道上有'我与香樟共成长'的故事，学校以班为单位，每个班级认领校园主道旁的一棵香樟树并挂牌，由各班自行负责养护，每年学校都要组织各班来量一量自己的香樟树长大了多少，并记录在挂牌上，这已经成为学校见证学生成长的一种德育活动。这条主道同样也是'民族文化路'，在

---

① 檀传宝. 问题与出路——若干德育问题的调查与专题研究［M］. 杭州：浙江教育出版社，2009：107-112.

两边的草丛中可以看到用不同名家字体印刻的'礼''诚''恒''勤'等传统美德文化标识。主道的一面有很长一道'展示墙',也是孩子们以班为单位,用色彩和图画来表达自己的个性和愿望的地方。在最不起眼的花坛的脚砖上,刻上了《百家姓》,一共560个字,一字一小块砖,以三种颜色(学校的代表色调)和四种字体(传统书法字体)沿路铺展开,几乎每个孩子都可以在这里找到自己的姓氏。在教学楼背后,有一排不同'个头'、色彩鲜艳的乒乓球台,分别适用于小学1~6年级不同身高的学生。此外,校园里还有以书法为主题来学习传统文化的'翰墨林'、学生可以随时自由书写的简易操练台、介绍一些基本汉字演化的'汉字来历展示碑'、学生可以体验播种和收获的'童耕园'等。学校还特别为教师做了一道'感动中国人物'的展示墙,且每年都组织教师收看《感动中国》节目,之后还要写观后感并立足教师职业和教育价值立场展开讨论甚至争论。"[①]

　　这样的校园充溢着"人味儿",它对学生来说是真正敞开的、息息相关的,学生可以在学校的广场、楼道、球台甚至草木、石砖里发现与自己的"关系"。这就是一种吸引和邀请,吸引学生关注他们的校园环境,邀请他们一起来建设这个环境,这不仅对学校校园建设有意义,也能让学生个体认识自身与周围事物的关系。学生在参与的过程中生成这种意义,可以获得归属感、愉悦感、有力感、成就感、成长感等,进而强化了个体外向的主动性和积极性,他们就更愿意表达、分享、参与、创造并且更可能去付出爱。因此,校园环境能不能发挥德育作用并不仅仅在于它优美不优美或是它呈现出什么内容,关键是在环境背后能不能建立起物与人的意义联系。

(二)学校制度文化的道德影响

　　由于物质环境对于德育的意义并不在于物质本身,而更多地体现为物质所携带着的"关系","学校设置上、设备上和建筑上的缺点,大部分可以借助新型的师生关系,运用创造性的教育学和一般学说,树立新的教育气氛来得到补偿。……当我们想到那种用昂贵的校舍建筑来同其他学校最好的建筑相比美的情况时,我们看来最

---

① 所述内容整理于笔者2011年11月在江苏省南通市如东县掘港的走访调研日志。

好……把注意力放在学校教育的非物质层面"①。这又关联到校园文化建设的另一个重要方面即制度文化建设。

学校的制度文化更多地体现为学校在日常制度性管理中的一种精神氛围，它不仅是制度规范的符号化或文本呈现，更意味着学校管理制度中的人的精神样态以及人与人之间实存的关系；基于教育的价值立场，学校的制度文化应当关注人的精神成长，促进人的内在发展。这样来看制度文化与德育的关系，就不能将制度置于德育之上进而简单地认为德育是通过制度管理来进行的，应当将制度置于德育之中，强调学校制度的道德性，强调制度本身的德育意义。进一步说，在制度层面，学校应当更多地给予师生精神伸展的空间而不是精神的束缚和管制，"人的精神生活，即内心世界是否丰富，取决于他同周围世界的实际关系是否丰富多样……和其他人的相互作用的内容与性质"②。学校的制度文化需要更多地体现出具有教育意义的宽容、信任、尊重和期待等，它不是要揪住师生过去与现在的问题和不足，而是面向师生的未来，以学生的不断成长和教师的发展为要旨。这种认识已经在一部分学校的德育实践中涌现出来，比如，江苏省江阴市的华士实验学校明确要"让校园成为师生的精神家园"，重视校园中的每个人以及人与人之间的关系建设，提出"同心、同行、同乐"的办学理念，使校园里的每个人都得到尊重、享有机会，共同体验攀登的艰辛和成功的欢悦。

"在我们的校园里，每个人都是同样重要的，在校园的每一个角落，都能听到教师的声音、学生的声音，而非校长一个人的声音。例如，在学校'走进直播室'活动中，校长、教师和孩子们就某个问题进行对话；在我们的沙龙活动中，大家在一起探讨、研究，甚至争辩；采取活动竞标制，一旦中标，你就是这项活动的设计者、组织者、主持者。再如，学校举行毕业典礼，一般都是校长讲话，学生、教师代表发言，领导颁奖这样一种固定模式，而我们曾举行过这样的毕业典礼：①学生仪仗队入座；②学生主持人上台主持；③所有毕业生穿着自己精心准备的服装，一对对走上主席台亮相；④主持人请全体毕业班任课教师和社区、学校领导上主席台入座；⑤毕业生代

① 联合国教科文组织国际教育发展委员会. 学会生存——教育世界的今天与明天［M］. 华东师范大学比较教育研究所，译. 北京：教育科学出版社，1996：172.
② 苏霍姆林斯基. 学生的精神世界［M］. 蔡汀，等编译. 北京：教育科学出版社，2001：315.

表上台唱'怀念之歌',表达对母校的感激之情、眷恋之情;⑥颁奖,主持人宣布颁奖项目后,由各学科任课教师给获得最高嘉奖的学生颁奖;⑦校长讲话,校长自豪地对家长们说:'孩子们成长了、成熟了,这就是教育的成功。'……

我们采用班干部、小组长轮换制,根据不同课型、学生的不同特长,组建不同的小组;通过不同角色的变换,让每个孩子都有机会担任管理者和被管理者、帮助者和被帮助者,都有机会获得不同角色的体验;不仅让人人都有机会,更提倡每个人自己去创造机会。比如开展艺术节活动,唱歌、跳舞、乐器、书画项目肯定会有,但有些学生这几方面都不怎么好,怎么办?他可能会说笑话,就来个笑话比赛;他可能衣服穿得很有特色,就来个形象比赛……关键是要有自报项目比赛。

在评价中,我们多放一把尺子,就会多一个成功者,多一份欢乐。比如我们学校建立的明星激励机制,有明星教师、明星家长、明星年级、明星班级,更有明星学生……哪个方面有了闪光点,哪个方面就可以有个明星称号。校长和教师要从一个评判者变为激励者,从冰冷的打分者变为热情的加油呐喊者。"①

三、 班级生活的精神面貌及其德育意涵

在师生生活中,教室是一个重要的"微空间",生活在同一个教室里的学生和教师共同构成了一个班级。师生的班级生活并不一定局限于教室的空间范围,但这种空间的相对分割使得教师和学生都分别获得自身在这个相对固定的群体中的身份自觉;班级生活就是这一群人的共同生活。曾经有学者提出一个有趣的隐喻,将师生的班级生活比喻为"一群金鱼在玻璃鱼缸里嬉戏"②,在"鱼缸"之外"透视"将造成不确定的"误解",只有"成为一条鱼"融入"鱼缸里的嬉戏"中,才可能真正理解"鱼儿们"的喜怒哀乐。这意味着师生的班级生活有其自身无可替代的精神内容,同时,相对于社会生活、校园生活,班级生活中的人际交往、经验交流更为频繁、亲密和持久,师生首先需要在这里获得安全感、认同感、信任感、归属感、责任感等,才可能

---

① 吴志云. 灯,永远亮着:名校长吴辰评传 [M]. 南京:江苏人民出版社,2011:189-197.
② 沈俊强. 玻璃缸里的金鱼——关于儿童班级生活的一个隐喻 [J]. 上海教育科研,2011:189-197.

将这些积极的情感品质扩展到校园生活、社会生活中。因此，班级生活是师生生活的内层空间、核心部分（见图 4-1）。另外，班级生活又与校园生活、社会（家庭）生活密切关联，班级生活是师生校园生活的重要构成部分，它背后往往又包含着复杂的、多样化的社会、家庭和学校生活经验；从某种意义上说，班级生活受到来自社会、家庭和学校的多重作用力的影响。这使得班级生活对于教师和学生而言有着更为特殊且重要的德育意义。

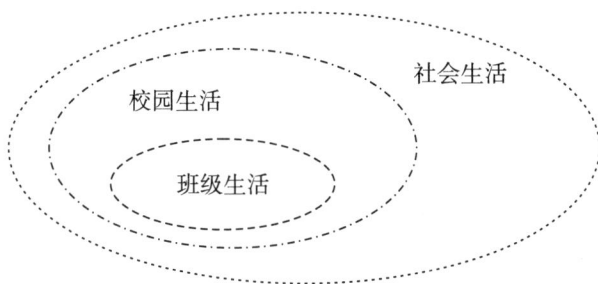

图 4-1　师生生活的空间层叠

在班级生活中，每一个学生都既要面对其他学生、同伴群体，又要面对教师；同时，教师也既要面对学生个体，又要面对学生群体。这意味着班级生活中的人的关系并不是简单的几条线性关系，而是包含有具体的、不同"注意"或"兴趣"的关系网络。班级生活的精神面貌正是师生透过关系网络所表达的一种群体的精神氛围，它包含着群体层面关于对待自身、他人、他物等的基本态度。因此，在这种关系网络中，学生不但能感受自身的关系性存在以及他人的人际影响，而且也能感受到他人的关系性存在并可能影响它。这是一种相互的感受与影响，从而使得班级内的人际关系不是抽象的、固定的而是具体的、不断生成的，它推动着师生精神生活的不断发展。

（一）在课堂生活中播种道德的种子

课堂生活是班级生活的一个重要方面，在课堂生活中师生的人际关系网络是完整存在的。国家第八次基础教育课程改革以来，随着情感、态度、价值观目标维度的确立，有组织的课堂教学生活（不仅是品德课堂）越来越被自觉地看作班级德育的重要组成部分。对此，现实的课堂实践中还存在着一种趋向形式化的理解，即将课程对情感、态度、价值观的培养抽离具体的教学内容，使之成为课堂某个单独时段的刻意的活动或某一单独教学环节，往往把具有丰富性、鲜活性和真实性的情感体验变成了抽象、空洞的形式说教。应当指出，这一目标的确立不仅仅因各科教学内容本身包含着道德价值而具有德育意义，更强调教学过程本身应当具有道德性，从而能够在课堂生活中形成"活"的道德影响。在课堂上，这意味着师生的人际关系网络应当处于一种被"激活"的状态，能够形成教师与学生、学生与学生之间的互动和对话，并且这种互动和对话本身是道德的。只有在这种前提下，教学内容本身所包含的道德价值才可能真正被挖掘、被呈现、被接受、被吸收。对此，下面的例子可以带来一些有益的启发。

"昨天下午的朗诵活动，孙同学读的是《丑小鸭》……她给我选了篇《红舞鞋》：一个小女孩穿上了老奶奶给她买的红舞鞋，却忘记了祈祷，忘记了报恩，致使老奶奶去世而自己陷入困境，最终锯断双腿，以求救赎。文章最后写小女孩认识到了自己的错误，她相信天使和死去的老奶奶会原谅她。读完之后，我问孩子们：'你们觉得天使和老奶奶会原谅她吗？'孩子们大概觉得小女孩犯的错误太过严重，于是大多数同学一起喊道：'不会！'等他们静下来，我说：'每个小朋友都要有自己的想法，不能因为别人说什么就跟在后面说什么。你们把故事的经过再好好想一想，然后再回答这个问题。'

片刻之后，王同学首先发言：'我觉得天使和老奶奶都会原谅她的。因为小女孩虽然犯了错误，但她知道自己错了，而且准备去改正。'

徐同学跟在后面说了一句'惊人'之语：'我觉得世界上没有不可饶恕的事情。'

后面还有个孩子说：'小女孩被锯掉了双脚，已经受到了惩罚，不能再惩罚她了，所以我们应该原谅她。'

曹同学是一开始喊'不会'的小朋友之一。他这时站起来还是坚持自己的意见'不原谅'，但他无法说出自己的理由。显然他内心的天平已经倾向于宽恕，只是有些不服气而已。

……

最后，我肯定了他们的想法，并且告诉他们两句很重要的话。第一句是做了错事不要紧，只要改正就行。第二句是每个人都会犯错误，我们要学会宽容别人。孩子们都有一颗纯良的心，希望这些种子能在他们小小的心灵里深埋下去。"[①]

这是一节常规的语文阅读课，由一位学生同时为自己和教师各选择一篇文章，教师敏感而机智地根据文章内容引导学生对"宽容"进行讨论，将学生从倾听者引向反思者、表达者。在课堂讨论展开的过程中，教师以尊重开放性的思考取代对讨论的引导和调控，从一位朗诵者转变为一位倾听者，这种转变本身就是一种包含着宽容的教育等待；因此，相对于基于教育教学技巧的有心安排而言，这更多地体现着一种教育教学的态度，它就是教师道德的一种表达，真实地呈现并影响着学生。在这种情况下，学生之间的互动和对话得以自然地展开，将各自所认同的观点个性化地表达出来、相互分享和对话，在这一过程中，学生个体对宽容的认识自然地得以扩展、深入，他们最后可能会更加乐意接受并认同教师的结论。

（二）班级生活中的关心与宽容

诺丁斯曾强调关心关系对于个人内在精神层面发展的重要意义，关心本身意味着关心者敞开心扉，接受对方，这使得关心者更可能去理解和包容。班级生活的精神面貌如果是包含着关心和宽容的，那么它就更能给予学生个体道德生长的空间和机会。一般而言，班级生活中完全没有关心和宽容的存在是一种（可能不存在的）极端情况；面对学生群体，教师总会有关注、关心的表达，特别是对于一些成绩优异、表现突出的学生，教师往往会表示更多的理解和期待。因此，德育应当关注的是在什么层面来谈这种关心和包容，如何来认识班级生活的这种精神氛围。应当指出，这往往更需要从把班级作为一个整体，从对待所谓"问题学生"的态度上来认识。

一个反面的典型例子，就是在班级里设置"特殊座位"。这其实是经不起推敲的"教育行为"，但这种现象在一部分学校仍然存在甚至被认为是合理有效的。从部分教师的反馈来看，坐在"特殊座位"上的学生大多是"问题学生"，教师似乎已别无他法而只能行此"下策"，学生在这种座位上往往要表现得稍微好一些；班级设置"特

---

① 引用自江苏省如东县刘晓军老师的教学日记"知错就改，善莫大焉"，学生姓名已匿名处理。

殊座位"最终目的是指向智育的需要（即不影响他人学习或规范"问题学生"自己的学习），而不是德育的需要（规范"问题学生"的行为更多地被看作是保障知识学习的前提）。然而，从德育的角度来看，设置"特殊座位"的目的是模糊的，其影响有违道德要求和教育的价值立场：①为了大多数人牺牲个别人。若如此说法在理，那么这"个别人"来学校里是做什么的？教育本来就是"一个都不能少"的事业。②为了其他同学不受干扰。这也缺乏合理性，从某种意义上说，这种做法是替代学生处理或强制干预班级生活的矛盾。学生只有在自己面对和解决生活矛盾与冲突的过程中才可能真正获得道德与智慧的成长，教师可以从中协调、开导但不宜过多地强行处理；设置"特殊座位"意味着教育行为本身的不道德（不尊重学生），它容易导致学生对这种不道德的"观察学习"，可能会对学生的道德价值观产生负面影响。③为了"问题学生"自身的反省和发展。这恐怕也会事与愿违，对于"问题学生"而言，"特殊座位"意味着一种集体的态度，它更多地表达了集体对个人的否定评价与排斥，在这种情况下个人容易产生压抑感、排斥感等，一些情绪敏感、自尊心强的学生还可能获得羞耻感。可以认为无论根据何种理由，这种教育行为都是缺乏深入的德育思考的；对这些"问题学生"，有的教师表示没有办法，但根本原因是他们可能没有用心去想办法，没有对孩子敞开心扉，说不出也不知道孩子的问题究竟出在什么地方。很难想象，当教师为"问题学生"设置"特殊座位"后，班级里还会有很多同学以同情和关怀的态度去理解他、支持他、帮助他，而不是隔离他、嫌弃他、排斥他，"问题学生"还可能获得集体的归属感、信任感。

反过来看，班级生活的精神氛围不仅体现在教师是如何对待学生的，更要关注学生是如何对待学生（特别是"问题学生"）的。如果班级里的学生彼此关心和包容、彼此期待和帮助，那么，即使是"问题学生"也可能获得归属感，进而自觉地渐渐调整自己的问题，成为好学生。一位教师曾在自己的教学日记中写下这样一件事——

"'刘老师，我觉得小宇就像个乌鸦。'中午吃饭的时候，桐桐跑来跟我说。

我听出了他的意思，但还是侧过头去问他：'为什么？'

'因为从来没有人赞美他，而且他也很少开口说话。'他一本正经地说。

是的，小宇在我们班是那样的内向，几乎从没听他开口讲过话，你跟他说话，他既不看着你，也不回答你，几乎做每件事都要拖到最后……我总觉得他生活在自己的世界里，总是在想着自己的事情。发本子时，你把作业本发到他桌上了，也很难引起他的注意，要反复提醒他才行……

桐桐之所以这样说，是因为我们刚学了《狐狸和乌鸦》。大家经过讨论，觉得乌鸦之所以被骗与平时缺少关注和赞美有关系，如果它能受到别人的赞美，那也不至于因为狐狸的几句好话就忘乎所以了。桐桐这样对我说，我还是感到了一阵愧疚。不过我告诉他，我已经在努力关注小宇并准备赞美他一下了。桐桐很惊讶地看着我，想从我这里知道答案。于是，我便告诉了他今天早上发生的事和明天将要发生的事。"①

可以看出，这种学生对学生的关心是具有道德意义的，是出于一种纯粹的"我想"；学生能将这种关心开诚布公地向教师表达，也体现出他对教师的信任和期待。这只是一个小行动却可以折射出班级生活中学生彼此的关注和帮助，可以令人想象和感受到班级可能的温暖氛围。半学期过后，这位教师又在教学日记中写道——

"下半学期以来，小宇的变化还是挺大的。……几乎每次早读课时，教室里的琅琅书声都是由他的大声朗读引起的。单元考试前一天，课间，他竟然跑来问我：'刘老师，什么时候考试啊？'这可令我颇为惊讶。总有孩子来问什么时候考试的，但大多是那些性格外向的孩子，平时经常也来跟我说说话的……今天中午突然有个打扫卫生的女孩子向我告状：'刘老师，小宇影响我扫地。'我抬头看去，只见小宇嬉笑着正在那个小女孩面前跳来跳去，确实影响她扫地了。他在干什么呢？小女孩继续说：'他说他是个大垃圾，要我把他扫掉。'哈哈，我听了之后不禁笑出声来。原来是这样啊，他倒真会想象。我笑着对小女孩说：'那你就使劲扫，把他扫到畚箕里去呗。'小女孩听了我的话，也笑了。"②

---

① 引用自江苏省如东县刘晓军老师的教学日记"改变，就这样开始"。
② 引用自江苏省如东县刘晓军老师的教学日记"改变，就这样开始（2）"。

（三）班级生活中的"社会经验"与德育契机①

现阶段中小学倡导的公民意识教育要让学生体验民主生活、养成公民意识。一些班级尝试通过学生自主演讲、公平竞争、全体投票的方式来竞选班干部，这种方式可能使学生真切感受到任命班干部不是教师的个人意志而是全体班级成员的共同决定。这本是学生积累民主生活经验的好机会，但受到一些社会风气和家庭生活经验的影响，班干部竞选活动中出现了一些"怪现象"——

班干部选举之怪现象②

"使尽招数拉选票"：班里选干部，采取民主选举。竞选班长的两个候选同学实力相当，谁拉到的选票多谁就是胜利者。那个身材高大威猛颇有些"势力"的，私下给班上一些同学许诺，只要选他，有受欺侮的，他可以负责"摆平"。另一个出招更绝，暗中给一部分同学每人送了一包巧克力，并嘱咐此乃天机不可泄露，真是"八仙过海，各显神通"。我们这些普通同学的想法是，反正又选不到自己，谁给出的条件优惠就选谁。选举结果揭晓后，送实物者当选，空口许诺者落选。谁知当选的班长在"施政"过程中受到那位落选者的百般刁难，班里搞得一团糟。

"家长给孩子跑官"：我的妈妈是小学班主任，每年一开学，家里的电话就成了家长们拨打的热线，都是为了让孩子当上班干部，说是孩子当班干部可以得到锻炼。当班干部有一层好处，若是评上市里的优秀学生干部，升学考试可以享受加分的待遇。我们班选举班干部发表竞选演讲时，好几个同学念的稿子，一听就知道是家长给准备的，假大空不说，碰上没理解的地方，同学胡乱断句，反而闹出笑话。

出现这些"怪现象"，是因为客观存在着的成人社会的一些不良风气、被扭曲了的生活经验对班级生活会产生影响，而德育无法回避也不能回避。在形成基本的世界观、价值观和人生观以前，学生的个体经验是容易受到影响的；学生可能在社会生活、家庭生活中受到某些成人价值的明确教导或潜移默化的影响，并依据这些经验参

---

① 关于德育如何应对社会生活的影响前文已有详细论述，这里只对学生在班级生活中表现出的负面的社会影响做简单的案例讨论。
② 茜云. 班干部选举之怪现象 [J]. 今日中学生，2006（25）：4-7.

与班级生活的互动，甚至影响班级的精神氛围。对此，德育不可能直接干预社会和家庭对学生道德成长、精神发展的负面影响；但是，班级生活是德育可以把握的精神空间，在这个精神空间里，教师与学生可以将彼此不同的道德价值认识都表达出来。前文已经提到，教师不应当回避德育中的问题和矛盾，这种回避意味着一种压抑。相反，应当让问题暴露出来，让师生都可以明明白白地讨论，这种做法就是在制造一种德育的契机。正如前文案例中那位小学语文教师的感叹——"孩子们都有一颗纯良的心"，他们是可能在宽容、信任与等待中畅所欲言、表达心声、彼此分享和自我反思的；在易受社会、家庭生活经验影响的同时，他们也容易受到积极的班级生活经验的影响。比如，在巧妙地顾及部分学生自尊心的前提下，这种"怪现象"就完全可以让学生来讨论，教师可以说明竞选的初衷，然后让学生回忆、再感受和表达自己的看法；或者是组织正方反方将其作为现实生活中的道德话题并结合班级生活的实例来进行辩论等。当然，这也意味着教师应当是清醒的、有价值立场和道德坚守的，不至于将班级生活中出现的失去了学生气味的成人社会的不良风气视为正常、合理的情况，教师的这种态度本身也会影响到学生的价值判断和道德认识。

第二节　生活时间观念中的精神样态与德育

一直以来，关于时间与人的生命、生活的关系是哲学思考的一个重要内容。如果说人对空间的划分可以获得相对静止的感受，那么时间则更多地带给人不稳定的、流动不息的感觉。时间对人的重要性在于它包含着对人的生命的度量，正是时光流逝使得人要不断地去（重新）获得和感受自身的存在与意义；这意味着与空间相比，时间同人的道德、德育有着更深层、更隐秘的关系。现阶段，中小学德育观照人的关系性存在，更多的是要帮助学生处理他们与自我、他人、集体、社会、国家、自然等的关系，这是基于学生不断扩展的生活空间展开的一条德育线索。应当强调，这条线索是重要的却不是（也不能是）唯一的，因为人同时还是一种时间性的存在。海德尔格曾指出，人的存在（此在）是一种"在起来的动态的过程"，它是"先行于自身的在""已经在世界之中的在""依附于世界内的在者的在"共同构成的统一完整的结构，而这三者分别代表着将来、过去、现在①。这也正如加塞尔所言："生活的每一刻都包含着将来、过去和现在。"② 人需要在生活中处理自己与过去、现在和未来的关系。人对这些关系的不同认识往往导致了不同的时间观念，它关联着人在生活中最真切的生命感受，并深刻地影响着人的生活，影响着人去处理与自我、他人、集体、社会、国家、自然等方面的关系。基于人的时间观念展开的关系性线索应当成为德育关注的另一个重要方面，人的完整的关系性存在包含着人在时间与空间中的所有关系的交合，德育的空间线索与时间线索难以剥离，相互影响。

在时间性的关系线索上，德育首先需要关注和把握时代生活所呈现的不同的时间观念。因为人的时间观念本身包含着价值判断，过去、现在和未来并不是被置放于完全平衡的天平上，地域、文化的差异性影响以及社会生活的变化发展往往使人们对时间关系持有不同的价值选择。比如，中国古代强调的"述而不作""以史为鉴，可以知兴替"等表达着一种古胜于今的时间观念，在这种观念下人更多地追溯、尊重甚至向往历史中的人与事，并以此为依据指导、规范人现在和未来的生活，人更多地在过去、在历史中获得归属；又如印度佛教提出的"三世因果说"③ 表达着人对未来生活的寄望，未来比过去、现在更重要，人的现时生活是为了未来而存在，人要在未来寻找归属；等等。虽然这些时间观念中包含着不同的价值判断，但人对时间的体验是完整的、具有连续性的，从而表征着人在精神层面的完整性。一定程度上，现代社会中人的精神困境正是这种时间体验的连续感的失落，人们在"厚今薄古"中对过去颠覆性地全然否定的同时将过去与现在截然分开，认为人的生活只有现在和未来，没有过去；而在后现代的时间观念中连现在与将来的联系也被割断，人的生活中一切都是现在的存在，没有过去也没有未来④。因此，德育要观照人内在的精神发展就无法回避现代和后现代时间观念自身的精神性困境，只有在时间连续感的基础上才可能完整地把握和处理人与过去、现在和未来的关系，才可能展开真正有效的道德学习。

① 刘放桐. 现代西方哲学：下 [M]. 北京：人民出版社，1990：559-600.
② 加塞尔. 什么是哲学 [M]. 商梓书，等译. 北京：商务印书馆，1994：131.
③ 即前世造因、今世受果，今世造因、来世受果。
④ 观点引用自李欧梵于 2005 年在北京大学出版社出版的《未完成的现代性》。

一、 现时生活体认中的德育

（一）现代与后现代时间观念中的德育境遇

随着印刷媒体（报刊、书籍等）和视觉媒体（电影、电视等）的发展，现代时间观念的变化及其给中国人的生活带来的影响是深刻的、悄无声息的，这在现代文学和文化学的研究中已经被揭示①。在"现代性"所包含的时间观念中古今被截然分开，过去代表着陈旧、顽劣，而现在则是新的、具有开创性的，这种观念在否定过去的同时隐含着一种乐观的"开创者的心态"，从而可以展开对未来的想象，它连接着现在和未来。总体而言，这种心态一直伴随着中国社会的现代革命以及新中国成立后的现代化建设，直到 20 世纪 80 年代以后，市场经济体制改革带来的消费生活变革、城镇化进程的加快、人们物质生活水平的提升以及视觉媒体的广泛传播、信息技术的发展等，带来了所谓中国的"后现代"现象。这种"后现代"不仅是一种时间上的先后，还包含着与现代性的冲突和对抗。杰姆逊认为，在后现代中没有了对未来的乐观，其时间观念里没有"独创性"而只有"复制"，这是一个"文化大规模复制、生产和大规模消费的时代"②。那么，在"复制"中如何走向未来？日本学者福山提出了"历史终结"的问题：人类似乎已经无路可走。对于个人来说，由此带来的生存危机感、都市生活强烈的压迫感以及每日生活中的焦虑感把时间压缩到现在，而现在又是很不稳定的，这似乎已经是习以为常的问题——"我生活在现在，我不知道有将来，也没有过去"③。当前，在这种现代与后现代时间观念的交合中，"现在"似乎成为唯一被承认的时态，这种观念渗透到生活的各个方面并内在地影响着人们对生命、生活的看法；这给人的精神生活带来了极大冲击。李欧梵认为其最大的危机就是所谓的人文主义、人文精神到底有什么用。这一切都以今天、当下的利益作为判断的依据。

那么，这些对德育、对学校教育来说意味着什么？教育理论研究大约在 20 世

---

① 它特别存在于 20 世纪 90 年代以来一大批国际国内文化学者关于中国的"现代性"与"后现代性"问题的热烈讨论中。
② 李欧梵. 当代中国文化的现代性与后现代性［M］. 北京：北京大学出版社，2005：88-89.
③ 葡萄牙诗人费尔南多·佩索阿语。引自：李欧梵. 重绘上海文化地图［M］. 北京：北京大学出版社，2005：162.

80 年代开始从不同侧面反思现代性问题对学校教育、德育的影响，批评工具理性对人的精神层面的遮蔽，批评功利主义、知识化、表面化、标准化，批判德育中意义与信仰的失落等。这些批评和批判本身包含着对"现代性"内涵的认识如工具理性、知识性、科学性、确定性、世俗性等，而它更多地体现着现代性是从"外"影响德育①进而造成了德育的困境，并且，这种外在的现代性对德育而言是不好的甚至截然相对的，它违背了德育的根本追求。但是，这些批判都难以解释这种"外"的影响究竟是如何作用于德育现实的。尽管它们可能清晰明确地指证"现代性"给德育造成的病症表征及其外部影响因素，但它似乎尚未质疑德育自身是否含有现代性发生与发展的"土壤"。应当指出，当现代性本身包含着一套观念系统（特别是时间观念）内在于人的生活时，它就不再是一种社会强加于个体的东西，而是个体在与社会互动过程中自觉或不自觉的选择与表达。当现代时间观念及其变化内在于教师和学生的社会生活中，它必然影响教师和学生个体思考与感受生活的兴趣和方式，这是德育的重要基础并贯穿整个德育过程，以此带来德育生活的变化②。

同时，人们的这种时间观念往往渗透在那些日常生活中已经习以为常的内容中，而这些内容可能还没有引起德育应有的重视。一个最突出的例子是，人们在现代生活中有两套并行的时间观念——阳历和阴历③，二者包含着不同的历史渊源与文化内涵，比如阴历与中国传统时间观念中的"载"（十年）、"节气"等相关联；而阳历则与西方传统时间观念中的"世纪"（百年）、"星期"等关联。国家与国际接轨规定公元纪年，在一定程度上产生了扬阳历观念、抑阴历观念的影响，比如，成长和生活在新时期的一些教师和学生，往往习惯了"星期"却忽略了"节气"；传统时间观念中的文化价值流逝，同时又缺乏理解西方时间观念价值内核的文化基础，这在一定程度上造成了文化精神的价值真空，基于时间的生活节律失去其应有的精神价值和道德意义（即人们感觉不到时间中有道德），这意味着师生在时间性的关系存在中失掉了具有联系感的价值链条。从某种意义上说，这也可能是当前德育的时间性的关系线索被

① 如唯理性主义对德育的影响、唯科学主义对德育的影响、市场经济对德育的影响等。
② 从这一点来说，很难判断已有德育的现代性批判是批评的影响因素还是批评的一种"结果"。
③ 也称西历与中历、国历与农历，大多同时标示在台历或挂历上。这一现象始于 20 世纪初，梁启超被李欧梵认为是现代新的时间观念的开山鼻祖，他虽然并不是第一个使用西历的人，"但他是用日记把自己的思想风貌和时间观念联系起来的第一人"；随后《申报》较早在公开场合同时使用中西历。

忽视的重要原因。与此关联的另一个问题是，中国传统节日对人的教化意义被淡化。相对中国传统节日而言，外国传统节日因其带来"陌生"与"新奇"而受到重视；但对于外国节日（如圣诞节、元旦节等），中国人没有历史文化积淀，难以感受到文化深层的精神内核，它在市场经济和消费生活中更多的只是作为一种娱乐。尽管近年来中国传统节日也开始受到关注和重视①，但它在现代和后现代时间观念中仍然受到消费主义的影响（比如中秋节的月饼经济、端午节的粽子经济等），也容易成为一种后现代式的怀旧②，因而还有待人们随时间观念的调整在现实生活中重建起具有真实感的意义连接。这些都是师生生活中直接的、具体的现实境遇，但德育还关注得不够，比如，中国传统节日的德育资源开发还未在德育理论与实践领域受到较为普遍、深入的关注③。

（二）现时体认的"真实感"及其德育意蕴

从表面上看，一方面，现代与后现代时间观念对师生生活和德育的影响似乎是难以逾越的，因为它内在于人的观念系统与生活方式中并难以自觉；但另一方面，人在这种时间观念中隐含着的"现代情绪"如危机感、压迫感、焦虑感等，又迫使人反观甚至质疑自己的生活。这些情绪源自人对现实生活最真实的感触，它似乎比理智更能使人深沉地意识到自己的困境，因此存在主义将人的体验、感觉作为人的存在的基本方式有其合理性的一面，人在感觉、态度中往往可能触碰到自身最真实的一面，找回自我存在的真实感；特别是当后现代文化呈现"那种支离破碎、转瞬即逝的刺激，能够与这些刺激做出妥协或对抗的，反而恰恰是自己瞬间的感触、瞬间的态度……可以感受到某种哪怕是极微小、片面，甚至瞬间即逝的真实感……也许正是因为抓住了这些真实感，我们才最终得以生存下去"④。对于德育而言，这意味着那些源自人对现实生活真实的情绪情感的体验具有越来越重要的德育意义。对此，朱小蔓早在20世

---

① 2008年1月1日开始，阴历的清明节、端午节、中秋节当日作为中国传统节日被定为公众假期。
② 即"相对于现在的旧，而不是真的旧"，不是发自内在真实地对传统节日感兴趣，而是表达一种重视的姿态来满足自己的现代人的某种心态。
③ 一些中小学将其纳入校本课程和德育活动中，主要以学习传统文化知识为目的；在传统节日的德育意义、多维目标、内容以及现实融合等方面缺乏系统的理论论证与自觉的实践探索。
④ 李欧梵. 当代中国文化的现代性与后现代性 [M]. 北京：北京大学出版社，2005：107.

纪 80 年代就开始倡导情感教育，呼吁并探讨德育要关注学生情绪情感品质和能力的培养、关注德育过程中的情绪情感发展等，强调学生的情感体验所具有的特殊德育意义。这些年来，通过情感体验来进行德育已经从德育理念层面逐渐走向德育实践的方式方法层面，然而一个悬而未决的问题是，德育应当强调怎样的情感体验？应当指出，"真实感"是师生情绪情感体验的重要基础，只有首先获得真实感，其他的情绪情感才可能得以生成或产生持续、深刻的影响。

当前倡导德育回归生活，就包含着德育应当回到师生的现实生活事件、回到师生对自身生活的真实感受和体验；在这个过程中，德育当然应该让学生更多地获得安全感、依恋感、信任感、满足感等积极的情绪情感体验，这有助于他们积累道德的生活经验，但德育不能（也不可能）一味地"制造"积极美好的、情绪高昂的道德生活，在这种被制造的生活中师生双方都难以获得现实的真实感。它所能带来的积极结果可能是一种李镇西所说的"玫瑰色教育"——

> "以'未来班'为代表作的教育浪漫主义给我带来了喜悦——我的班级的确营造出了 20 世纪 50 年代那种温馨透明的集体氛围，朋友们都说我班的学生特别'纯'。但是，1987 年底乐山市一位叫宁小燕的女中学生自杀的事件，把我从教育浪漫主义的沉醉中唤醒。这位品学兼优的三好学生因不能正视社会丑恶而成为'真善美殉道者'。面对她'纯洁的心灵'，我不得不反思我们的——不，首先是我的'玫瑰色教育'。"①

与此相比，更糟糕的情况可能是德育自身的真实性与合理性遭受质疑，因为对真实感的体认是德育得以有效展开的前提和基础。在此，有必要先区分人的两种不同的"真实感"，即生活的真实感与存在的真实感：前者是个体对生活事件之发生及其结果的客观存在的直接感受，而后者则是个体基于自身的价值判断所获得的一种合理性存在的感受（即对哲学所谓"人的本真存在"的感受）。存在的真实感往往以生活的真实感为前提，当生活的真实感与个体自身的价值判断相符合，它就可能转变为个体存

---

① 李镇西. 从教育浪漫主义到教育理想主义 [J]. 中学语文教学，2001 (1)：20-22.

在的真实感，个体获得积极的情感体验；而当二者不相符合时，个体就可能产生负面情绪。比如，师生在面对某个生活事件的第一时间可能表现出无意识的惊讶或气愤（太不可思议！这不是真的！不可理喻！），这意味着他们首先获得一种惊异感或愤怒感，其中既包含着对生活事件的（客观）承认也包含着对它的（主观）不认同；这种惊异感或愤怒感恰恰表明了生活事件的真实感与个体存在的真实感之间的错位。在这个意义上，人对真实感的体认就是要不断地从生活的真实走向自我存在的真实，而正是这些负面的情绪使人可以进行谋划和选择①。因此，德育首先应当承认师生在现实生活中、在当下的德育过程中包含着负面情绪的复杂情感，承认师生的这种真实体验而不是遮蔽它甚至否定它，不是要强迫师生去体验某种预设的积极情感。苏霍姆林斯基曾经强调，在教育中人的情感是不能被要求的，这不仅是说积极的情感体验不能被要求，消极的情感体验也是无法消除的，教师既不能要求学生也无法控制自己不去感受孤寂、卑微、畏惧、焦虑、愤恨、迷惘和失落等。当然，还不能否认教师或学生在遭遇到负面情绪时都有可能采取一种消极的心理防御机制②，就像本能地想要否认或逃避这些负面情绪。这恰恰是德育应有所作为的方面——不但要承认这些负面情绪，更要正视它、面对它；德育过程应包含师生不断的反观与探问：自身为什么会有这样的感觉？这种反观与探问正是师生从生活的真实走向自我存在的真实，获得同一的真实感的重要路径。

二、 对过去生活的态度与德育

（一）历史的"幽灵"与"标本"——精神深度上的德育困境

在中西方传统时间观念中，以时间的不可逆性为前提对时间的流程有两种相互关联的基本认识：线行性时间与周行性时间③。换言之，时间是按照确定的前进方向，

---

① 正是在这个意义上，海德格尔认为人总是有"情绪"的，这是他生存的一种方式，"正是情绪使此在可以进行谋划和选择"。
② 心理防御机制是精神分析学派的用语（最早由弗洛伊德提出），主要指个体遭遇（由挫折、冲突等带来的）紧张情境时（部分）无意识地要摆脱、避开内在的紧张、烦恼或不安等，以恢复心理平衡与稳定的心理机制；这种心理机制既可能是积极的（如建设性防御机制），也可能是消极的（如逃避性或攻击性防御机制）。
③ 赵仲牧. 时间观念的解析及中西方传统时间观的比较 [J]. 思想战线，2002，28（5）：77-88.

从过去、现在流向未来或周而复始、循环不已。这种观念相对于时间中无限多的"瞬间"和过去、现在与未来的时态而言，更强调时间的连贯性。人们由此形成对历史的认识，即历史是具有连续性的，它可以从过去的某个时刻一直贯通到现在；人们在这种贯通中获得历史的真实感、历史性的存在感以及历史对于自身的意义，它构成个体精神发展的价值链条。然而，在现代和后现代时间观念中，时间的连续性遭受破坏，历史不再被认为是从过去连接到现在，它所包含的人文价值也遭受冲击①。

人们对历史的态度更多地接近于本雅明所作的一种论述，"就如同人的回忆一样，我们回忆的时候总是以现在为基点，当我们'现在'有一种焦虑感或者危机感的时候，我们用回忆来召唤过去，召唤历史……现在和过去的意义就是一种认知意义"。"历史是以一种幽灵的方式存在的……这种幽灵的存在，变成过去和现在的这种辩证关系……已经无所谓传统，无所谓秩序，无所谓连续性……"② 这对德育而言，意味着人的深层面的精神困境。当历史仅仅被作为零散的回忆，它所包含的普遍价值就被置换为纯粹的个体价值，没有了人的共在性意义联系，人的个体存在是无根的、失落的、孤独的。从这种意义上看，在师生的社会生活层面，近年来掀起的一股"集体怀旧潮流"③ 更多的是人们对现代生活的一种情绪表达，而不是对传统精神价值与意义的回归。在类似这种情绪表达中，历史的"幽灵"可以成为商品，可以被娱乐化、被戏谑。这种对待历史的态度在人与人之间产生着潜移默化的影响，内在地逐渐消解人与过去具有真实感的意义联结。比如，一些网络流行语对古代经典诗词进行修改以实现个性、情绪的表达或某种娱乐效果："执子之手，方知子丑，泪流满面，子不走我走。"④ "问君能有几多愁，天上下雨地上流。"⑤ ……在这种修改中，一方面，古典诗词原有的精神内涵对修改者没有主体价值意义，它只是一种借以表达情绪或用以娱乐的工具；另一方面，修改行为本身可能消解古诗词对修改者已有的精神价值影响。不

---

① 一种情况是，历史被认为是旧的、无用的；另一种情况是，历史被认为是人主观建构的想象，不可信。

② 李欧梵. 人文精神与现代性 [M]. 北京：北京大学出版社，2005：123-124.

③ 这一潮流体现为对老照片、旧报纸、旧式爱情、旧式商店等标示着已经逝去的"美好"时光的物质追求，带动了怀旧商品的开发和怀旧经济的兴起。

④ 出自 2009 年网络流行语。

⑤ 出自 2010 年中央电视台春节联欢晚会节目《晒晒 80 后》流行语。

仅如此，这是一股与德育相反的作用力，其对正在学习古诗词的中小学生的影响是令人担忧的：这些修改表面上可能不会妨碍学生对古诗词内容的习得，但修改所暗含的戏谑态度、流行所意味的分享与认同则为学生标示出一种观摩学习的"榜样"；这使得古诗词学习对于学生的意义可能退缩到试卷层面，而难以支撑内在精神层面的人文交流。

与历史的"幽灵"相对的，是当前各地对历史的保护和高扬。这表现为侧重于物质层面的保护，所采取的主要方式是把历史放进书本、博物馆、陈列馆等，使其成为一种不被破坏而得以保存的"标本"①。然而，这在一定程度上也意味着，历史是那些已经离人们而去的东西，是远离师生日常生活的内容，它对于师生的意义存在于现实之外，甚至可能被视为一种高远的社会理想（历史被神圣化）；具有鲜活生命力的内在于个体精神的历史却被放逐。这在德育中主要体现为一种外在意义的学习，比如，学校在清明节组织中小学生为先烈扫墓，更多的是通过讲述先烈的英雄事迹、歌颂先烈的伟大精神来感染学生，以试图达到德育的效果。当学生被告知自己是为国家、为民族、为先烈精神永垂青史来扫墓的时候，德育有没有告诉学生他们也是为自己来扫墓的？他们在这种活动中可能更多地感受到社会理想、民族精神、祖国期待，却很少感受到自我的个体存在。不是说学生不能有宏大的感受，但这种感受太抽象，从而使得历史似乎是从对已逝者的意义上升到对一个群体（国家、社会）的意义，却没有对活着的个体的意义。进一步说，问题的关键是学生能不能感受到他们所瞻仰的"历史"与自身当下的生活有怎样具体的意义联结，如果没有意义联结，历史不过是学生观赏的"标本"，即时的感慨、感动过后，回到生活中一切可能又归于平静；不仅如此，在现代与后现代文化和时间观念中，历史的"标本"更容易成为"幽灵"，课本上、活动中的庄严学习可能会成为生活中的娱乐调侃。

那么，如何建立起这种内在的意义联结？德育应当明确历史对于师生有其内在意义，它不是外在的而是内在于师生生活之中、内在于个体的生命之中，是人基于生命价值链条的一种自我存在。从德育的角度看，历史学习不仅是表面的知识学习、活动参观、瞻仰歌颂等，还应该向内求索，连接个体精神生命的价值链条，找寻师生自身

---

① 如对历史事件、名人事迹的记载，以及对名人的故居、遗留的古迹、古籍等方面的保存等。

存在的意义感和归属感。比如在扫墓活动中，德育要引导学生感受到为烈士扫墓、祭奠英雄对自身存在的意义，其中包含活着的人的内在精神需要，然后才将这种内在精神的感受扩展到社会、民族和国家层面。那么，这种祭奠首先就是一种个体内在的精神追溯，它要与构成师生内在生命的"活"的历史（而不是"标本"的历史）相关联。这里所谓"活"的历史就是根源于师生内在深层的某种具体的精神信念，正是这种信念可能使得师生与先烈在个体的精神时空中建立起某种关系；而这种祭奠活动正是要实现这一精神链接从而使师生获得自身存在的意义。

（二）德育应当培养学生的历史感

直面现代与后现代时间观念所包含着的对于过去的态度，以及历史的"幽灵"与"标本"带来的精神困境，一个更为根本的问题就是个体内在精神时空中的意义链条的断裂。德育要建立起这种时间性的内在精神的连接，应当重视培养学生的历史感。

什么是历史感？不同的角度可能会有不同的内涵。从德育的角度看，历史感首先是一种真实的存在感，它意味着学生能够明确地感受到"我"；在此基础上，历史感是个体对历史存在（即真实的过去）的感觉，而"我"就在这种历史存在之中。换言之，历史感包含着一种"身在历史之中"的感受，在这种感受中，历史一方面有其外在于人的客观性，而另一方面又意味着人自身生命的连线。因此，历史感本身体现着一种承认并尊重过去、尊重历史的态度，同时又是一种贯通的情感即隐含着生命存在的过去、现在与未来的连接。在这个意义上，历史感与意义感、责任感之间有着深层次的关联。在诺丁斯讨论对物的关心的一则例子中，可以感受到这三者的微妙关系——

"我家厨房里有一台1957年出产的搅拌机。我仍然保留着当年的使用说明书。我丈夫曾经对它进行过一两次简单的维修。这台机器现在对我们已经具有一种不同寻常的意义了。它拥有我们对它的关心，它也确实值得我们关心。有很多人像我们一样对老车、旧气压计、用过多年的刀具什么的怀有一份特殊的感情。"①

---

① 诺丁斯. 学会关心：教育的另一种模式 [M]. 于天龙，译. 北京：教育科学出版社，2011：72.

这种情感并不同于前文所述的后现代式的怀旧情绪，在怀旧情绪中物与人的关系是一种工具性的关系，人对旧物本身没有兴趣，旧物只是人借以表达某种现代情绪的一种工具。而在诺丁斯所述的这种情感中，人对旧物包含着一种人格化的尊重与关怀，这意味着人与旧物之间不是"我-它"的关系，旧物被人赋予主体生命的意义从而在人的内在精神层面获得一种生命力。有趣的是，这种意义其实是对人的意义而不是对物的意义（客体的物自身无所谓意义）；它其实是人在过去的时间里逐渐从与物的关系中获得和强化的一种自我存在。从这点来看，历史感与意义感、责任感是难以剥离的。应当指出，意义感、责任感是当前德育在面对现代性和后现代性所导致的个体内在精神危机时更多关注的情感主题，相对而言，历史感似乎还不太引人注意。然而，历史感却是相比意义感和责任感更深层、更基础的情感。一般而言，在特定的文化价值系统下，个体在关系性的存在中体会到自身对他人与社会等的价值，当这种价值成为主体对自身存在的确证时，个体获得意义感；责任感是基于意义感而生成的，当意义感作为一种正面刺激肯定了个体对他人与社会等的价值行为，这种行为就被个体赋予一种合理性或正当性，对于这种合理性或正当性的体验便生成责任感。可以认为，责任感的获得以意义感为基础，而意义感的获得又需要两个前提，即特定的文化价值体系和个体的关系性存在。对于个体而言，特定的文化价值体系包含着文化的连续性和历史的沉淀，它离不开传统和秩序，只能基于历史感而获得认可；而完整的关系性存在是包含时空范畴的，它肯定并尊重历史存在以及在此基础上个体与过去的关系。从这个意义上说，没有了历史感也就没有了意义感，进而失掉责任感；历史感应当成为德育关注的一个重要内容。

那么，如何培养学生的历史感？历史感的培养并不等同于历史知识的学习，而历史知识的记忆也不意味着历史感的获得；前者注重关于历史的知识性呈现的准确性，后者则关注对于个体与过去、历史关系的主观感受和体验以及由此生成的价值判断。从这种区别来看，历史感的培养应当先从学生对自身主体生命成长的历史性感受开始，由此拓展开内在的精神时空，然后在这一精神时空中不断地建立与他人、群体以及类的历史的联系与对话，从而不断丰富自身存在的意义链条。具体来说，相对于对书本历史知识的学习、参观博物馆历史文化陈列等，历史感的培养更多地需要关注学生在日常生活中对自身历时性的生命意义的感受，而那些在他们的成长过程中具有时间沉淀意义的事物，就可能成为重要的德育资源。一个明显的例子就是校园中的建筑和设施，它们是具有"记忆"功能的，即学生可能通过它回忆起自己的过去（在这里发生的那些重要事件及情绪情感体验等），这种回忆及其引起的生命的历时性体验就可能生成历史感；特别当学生毕业后再回到学校，旧的校园更可能引发他们的归属感，而完全改变的校园则可能导致陌生感和失去感（意义的丢失）。不仅如此，校园的这种"记忆"功能还具有弥散的影响力，即学校的建筑往往可以散发出学校的历史气息，使后来的学生意识到这里曾经有过前人的故事，他们可能在感受或想象中获得一种历时性的体验，比如近百年的老校园往往可以让人获得一种历史的厚重感。但令人担忧的是，校园的这种"记忆"及其对学生形成历史感的积极意义，在当前学校的现代化建设中更多地被忽略；相对于校舍建筑（非危房）的修补，很多学校更热衷于翻新，一些学校甚至通过追求昂贵的、具有现代感的校舍建筑来相互比美。

三、 未来生活的想象与德育作为

（一）"理想"与"崇高"的缺位——精神高度上的德育困境

在现代与后现代的时间观念中，当历史以幽灵的方式存在时，人对未来的观念也更多地依赖于他对现在的认识；但现在又是转瞬即逝、捉摸不定的过渡的时间，它使人更多地感受到不断变换的"今天"，这种变换所带来的紧迫、压抑和焦虑等沉淀为人内在深层的孤独、无助与不确定。在这种现代情绪中，未来对于人的意义逐渐被消解，它成为一种虚假的想象，"一种虚假的将来主义，不是说将来是假的，而是说把将来的想象变成我们所认为的真实"[①]；并且在与未来相关联的精神范畴中，它更多地体现为一种无根的、没有归属的、情绪化的未来想象。在师生的社会生活层面，这种想象有一些极端化的表达。比如，在《后天》《2012》等一些灾难影片放映过后，社会层面便会引发一阵"末日论""上船说"等，制造出一种末日情绪；又比如，"3·11"日本地震过后中国内地掀起一阵"抢盐风"，体现出一种强烈的生存危机感；等等。这些具体的想象及表达，其实是人在遭遇生存危机的暗示与刺激后内在现代情

---

① 李欧梵. 人文精神与现代性 [M]. 北京：北京大学出版社，2005：125.

绪的一种爆发式的群体倾泻，它体现出人对未来观念的一种转变，未来不再被认为充满希望而是预示着灾难，未来对于人类意味着从救赎转向毁灭。这种观念内在地消解人与未来相关联的精神高度的内容：信仰、理想、崇高、神圣、伟大等。在爆发式的群体倾泻之外，这种观念及其对人精神层面的消解还有一种更为直接的娱乐化的表达，它内在于师生的日常生活中，比如一些流行语录中的"不要跟我谈理想，戒了""神马都是浮云""不要迷信哥，哥只是一个传说"……这些调侃式的表达不仅仅张扬出某种独特或个性，更隐含着个体层面对信念、信仰、理想的否定，以及对神圣、崇高的排斥。在这种态度中，理想与崇高成了一种假象，追求这种假象要么被认为是愚昧的、可怜的，要么被看作是假装、虚伪的姿态；相对而言，现实与低俗更多地被视为人在日常生活中的具有合理性的真实存在，这种态度构成了师生社会生活的一层情绪底色，内在地影响着德育。对此，一位名校长曾一针见血地批评道——

　　"所谓'信仰'解决的是这样一个问题：每天从事的工作是为别人做，还是为自己做？是别人对自己的要求，还是自己内在的需要？……我们对教育有没有这样的信仰？所谓'信仰'，我们还可以换一个词，叫'理想'。现在这个词已经是贬义词了，如果有谁说他有理想，多半会被认为'有病'而且'病得不轻'，或者是'假得很''装得挺像'。但是，有理想的人做教育会有一种内在的坚持与执着，他不会因任何外在的干扰而懈怠，也不会在乎别人的褒贬和一些功利的评价。……只有教育信仰能够使人保持教育良知，守住教育阵地，让教育之旅无限地延伸。"①

　　当理想与崇高已经从未来的想象中让位，道德本身也被置换了观念，道德及其相关内容不再是必然的、确定的，而更多的是偶然的、不确定的，在这种置换中任何享乐与放纵似乎都可以获得自身的合理性。比如，过去人们谈"人品"，是对人的品质、品格的评价或讨论，它关涉个体的具有稳定性、持续性的德性和德行，人品问题往往代表着做人的根本问题；但现在，"人品"在日常口语中有了一种新的含义，它与人做事时的偶然性的运气相关，运气好坏被调侃为"人品问题"②，因而有了"今天人

①　李镇西. 最重要的还是人格［EB/OL］.（2012-02-09）［2020-12-15］. http：// blog. sina. com. cn/s/ blog _ 54c61efa0102dvff. html.
②　这些语言最早出现在网络游戏中，后来扩展到人们的日常生活中。

品不好，真倒霉""最近人品大爆发"等说法。这种新的含义其实表达着一种工具化和戏剧化（或说喜剧化）了的"人品"，它隐含着人生道德观念的渐变，即当人品被理解为不确定的、不断变化的，那么德性与德行也就失掉了内在的意义。当类似这种道德置换与调侃从成人生活渗入中小学生的道德学习，它所带来的是德育在精神高度上的困境，它逼迫德育回到现实来重新思考：当德育所面对的可能是趋向扁平化的精神世界时，该如何搭建起人内在的精神高度。

（二）真实的崇高：德育中的普通与平凡

一条可能的途径，是德育重新认识自身所追求的精神高度，重新确认道德的崇高应当是怎样的。从某种意义上说，崇高似乎包含着一个精神悖论：真实的崇高是无所谓崇高的，而所谓崇高往往是那些不及崇高的眼光赋予崇高的光环。这其实关涉冯友兰曾提出的两种精神境界，即功利境界与道德境界。道德境界的人做崇高的事业是出于一种内在的职责，他不会认为所行之事与平常事有什么不同，所以无所谓崇高；而功利境界的人包含着名利目的，他做崇高的事业就是为获取崇高之名义，自然有所谓崇高了。对此，现代西方心理学也有相似的研究结论，比如，尤尼斯在将犹太人营救者与非营救者对比时发现，"道德行为来自普普通通的自我，而不是来自英雄般的自我之外的什么状态"——

"当问到为什么要参与营救时，一位妇女说：'我们帮助了那些需要帮助的人，他们是谁对我们来说一点不重要。并不是我们特别喜欢犹太人，我觉得我们想帮助任何遇到困难的人。'一个男性营救者说：'我不认为我是个英雄，我觉得我只是在尽我的责任……我一直说这样做太自然了。你用不着自我炫耀……'"[①]

科尔比与戴蒙等人的研究也都认为，"从道德角度看，自我在帮助别人时并非在牺牲自我，而是在强化自我"，因此，道德对于真实崇高的人而言，已经成为一种自我行动的习惯方式，"犹太人的营救者因被称为英雄而生气的原因，是他们认为自己

---

① 陈会昌. 道德发展心理学［M］. 合肥：安徽教育出版社，2004：220.

做一件道德的事情就像做一件理所当然的事情一样，因为'那就是我'"①，他们不是为谋英雄之名，而是为成为自己在行道德。从这个角度来反观德育对崇高的认识，可以认为以往德育更多的是将道德、崇高作为一种外在的内容来学习，更多强调以崇高之名、以类似所谓永垂青史之义等来感染师生，崇高被主观地神圣化，被理解为是一种超乎寻常的追求。这种德育表面看上去很"高"，其实是缺乏真实高度的，借用冯友兰的概念来说它不过是"功利境界"的德育，是一种更多以"名"为追求的德育。"功利境界"的德育往往是将崇高从现实的鲜活与真实中割裂、抽象出来，比如，当它要树立某个英雄式的榜样时，往往忘却英雄本人在关键时刻可能真实存在的孤独、焦虑、疑惑与挣扎，以及其自身面对这些负面情绪的勇气和努力；这种榜样是抽象的，因为在现实师生生活中很多教师难以达到这种被制造的要求，学生难以获得榜样的真实感。"事实上那些学生觉得最为感动或是有意义的道德学习经历，往往发生在学生发觉教师其实也是一个普通人的情况下。比如，教师在某种危险的情况下，尽管学生可以看出他们的教师很害怕，但是教师还是挺身而出，给学生做了一个很生动的榜样。"② 因此，德育应当还以真实的崇高，让学生真切地感受到：道德，崇高的道德其实就是在生活中去践行那些需要作出一些努力但却使自身更加完整的普通、平凡的事情。

（三）培养理想：从"可能性"到"内在确定性"

在一种感受不到未来，理想被排斥乃至贬斥的社会氛围下，德育如何让师生相信并帮助师生树立理想？与对崇高的认识相近，德育需要明确：理想不是外在于人的某种高远的东西，它是一种人内在的指向未来的存在；理想对于师生首要的、根本的意义在于"我想"而不是"我能""我应该""他们期待"等（这些在现实中往往被混淆）。这种"我想"包含着生命内在的开放性与可能性，德育正是需要把握和介入这种开放与可能。尽管现代生活的时间的连续性链条（部分）断裂，人们持有某种悲观的现代情绪，但人仍未否定现在的、今天的生活中包含着某种可能，人对未来的想象

---

① 陈会昌. 道德发展心理学 [M]. 合肥：安徽教育出版社，2004：222.
② 泰勒. 价值观教育与教育中的价值观 [M]. 杨韶刚，万明，编译 // 鲁洁，朱小蔓. 道德教育论丛：第2卷. 南京：南京师范大学出版社，2002：364.

正是基于这种可能而做出的判断。"即使我十分肯定明天会有什么事情发生，我还是觉得这只是一个可能性。……正因为它，我们的生活始终是一个有待解决的问题；这个问题只能由我们自己解决。"[①] 在师生生活中，"我想"所包含的可能性既指向一种外在的不确定性，同时也指向一种内在的确定性。即当师生个体自愿选择某种可能的时候，这种可能的客观结果是难以确定的，但这种主观选择本身则是一种内在的自我确认的结果。而理想之所以会被遮蔽，往往是由于外在的不确定被无限放大，以致人在选择可能的时候无法触及内在的自我确认。因此，德育要培养人的理想，就要将个体面对生活的可能性与内在的确定性相连接、贯通，不断强化、巩固这一内在的精神链条。在具体的德育实践中，这更多的不是德育方式方法的问题，而是德育意识层面的问题，比如，同样采用称赞、鼓励这种外在的德育强化手段，基于不同的德育意识可能就会有不同的内容表达，进而产生不同的德育效果——

"你是个助人为乐的好孩子，老师为你骄傲！"

"你是个助人为乐的好孩子，我相信你一定能感受到，帮助别人是一件多么愉快的事情。"

上述两种表达同时包含着对学生助人为乐行为的肯定，"你是个助人为乐的好孩子"，这是对行为本身的教育强化，但"老师为你骄傲"则强化了学生行为的外部动机，学生可能获得一种外在的确定性（好的行为会使老师喜欢我），而"帮助别人是一件多么愉快的事情"则是肯定学生行为的内部动机，引导学生获得一种内在的自我确认。这两种不同表达的称赞可能会引发学生两种极不相同的内在体验，而使学生获得内在的自我确认感的称赞，才可能产生更深刻的、持续性的德育影响。

第三节　师生关系：德育生活中的精神资源

在师生生活中，真实的德育影响发生于学生的各种关系性连接中，而在空间范畴

---

① 加塞尔. 什么是哲学 [M]. 商梓书，等译. 北京：商务印书馆，1994：120.

与时间范畴的诸多关系中，师生关系对学生的道德成长、教师的道德发展产生着更为基础的、直接的、持续的、深刻的影响。"任何课程本身都不能自动使孩子们学习。在绝大多数情况下，师生关系决定孩子们对课程的学习热情。一种关心的关系可以使孩子们对外部影响和课程知识产生接受性。"① 心理学的实证研究也发现，学生的学业表现与师生关系有显著的关联，学习好的学生往往有着更亲密和积极的师生关系②；同时，亲密型师生关系更有利于学生形成积极的自我概念，而冷漠型的师生关系则有碍于学生自我概念的发展③等。其实，一直以来师生关系都是学校教育教学研究的重要内容，人们试图探讨究竟应该形成什么样态的师生关系才能实现好的教育，而对师生关系的不同认识往往代表着不同的教育教学观念④。近年来，人们从对师生关系外在的、静态的描述逐渐转向一种内在的、动态的分析，对师生关系的探讨更多地体现为对师生互动、师生交往等的研究与分析。在这种转变中，师生关系对于师生个体内在生命的存在意义逐渐得到关注和呈现，在此基础上探讨德育的精神性追求，师生关系可以被视为一种重要的精神资源。一方面，师生在相互关系中的内在精神样态在一定程度上表征着个体的一种道德存在样态，对师生个体而言，师生关系本身就具有一种道德意义；这意味着师生关系对于德育具有本体性的精神价值，德育在其目的层面就包含着要形成一种道德的师生关系。另一方面，师生关系对德育还具有工具性的精神价值，师生关系的质量内在地影响着学生对道德的认知、体验、反思等，并在不同程度上影响着学生在时空范畴中的其他诸多关系。德育对这种精神资源的挖掘和利用，就意味着它要关注教师与学生在彼此关系中的精神存在，探寻师生关系是如何内在地影响学生的道德成长。

一、 师生关系中的精神存在： 从 "重要性" 中获得的 "意义"

　　基于对师生互动、师生交往的探讨，近年来关于师生关系的认识有一种"主体间

---

① 诺丁斯. 学会关心：教育的另一种模式［M］. 于天龙，译. 北京：教育科学出版社，2011：51.
② 王耘，王晓华. 小学生的师生关系特点与学生因素的关系研究［J］. 心理发展与教育，2002 (3)：18-23.
③ 林崇德，王耘，姚计海. 师生关系与小学生自我概念的关系研究［J］. 心理发展与教育，2001 (4)：17-22.
④ 比如教育史上长期争论的关于教师中心与学生中心的问题，以及与此相关的学科课程与活动课程的问题等。

性"的理解,其中,一些学者引用马丁·布伯的观点提出应建立"我-你"型师生关系,认为它区别于"我-他"型师生关系(即被认为是具有专制、控制色彩的对象性的师生关系),进而强调师生之间的平等对话、相互理解。这一理论层面的关注与转变具有重要意义,它开始观照德育活动中师生存在的内在样态,但对相关概念还需要进行深入的探讨和澄清。对此,有教育学者已经注意到所谓的"我-你"型关系是人内在的更深层的关系,它不是表面的、可以随意生成的,而是包含着某种内在超越感(或是神圣感)——

"'我-你'型关系首先存在于我们的内心之中,是作为教师的我们对自我生命状态的一种仰望,是一种对教师自身人格态度提升与不断超越的期待。'我-他'型师生关系才是一种更为基本的师生关系,是人与人交往的基本关系,'我-你'型师生关系正是发生在现实的'我-他'型师生交往关系之中。那种动辄言称'我-你'型师生关系的构想只能是没有现实基础的空中楼阁。"①

从某种意义上说,"我-你"型关系是一种个体内在的生命存在,它包含着从"我-他"型关系中发现自我本真而获得的一种意义,正是这种意义使"他"成为"你",即"我"在"你"中找到了"我"。因此,"我-他"型关系并不是必然不可取的,教师在校园里同学生微笑、简短交流,就是一种"我-他"型关系;当学生需要与教师交谈,而教师倾听他的心声并给予他温柔的宽慰或热情的拥抱,这也是一种"我-他"型关系。平等对话与理解并不一定导致"我-你"型关系,在"我-你"型的师生关系中,不仅仅是学生,还有教师都能从对方感受到一种重要性,不仅是"我"对于"你"的重要性,更多的是"你"对于"我"是重要的,这种重要性使得"我"在自身内心深处找到某种存在的意义。比如,当教师倾听了学生的心声,看到学生关注与期待的双眼,他感受到学生对自己的信任,与此同时也突然感受到自己多么需要学生的信赖,感觉到这种信赖是自己存在的意义。可以认为,"我-你"型师生关系更多地包含着教师与学生在彼此关系中的一种精神存在,这种精神存在是师生双方从对方的

---

① 刘铁芳. "我-你"师生关系的可能 [J]. 福建论坛(社科教育版),2006(1):54-55.

重要性中获得的一种存在意义；这样的师生关系不可能是先天的而只能是生成的，它是德育目的层面的一种精神追求。

（一）教师的重要性及其对学生的意义

德育强调教师对学生道德成长的重要影响，然而，这种影响往往只有在学生承认并愿意接受的条件下才可能真正发挥作用。那么，学生是不是就一定会承认并接受这种影响？这其实更多地取决于学生有没有从教师身上获得过重要感，这种重要感是一种相互贯通的重要性的感受。在小学生的眼中，教师往往是重要的（在一定程度上甚至比家长更重要），"学生在刚跨进小学校门时对教师充满了崇拜和敬畏……有关调查发现，84％的小学儿童（低年级小学儿童为100％）认为要听教师的话"[1]，他们对教师的表情、言语和行为等都含有兴趣，他们更多地从教师的称赞、认同或批评、反对中获得自身存在的重要感，因而这些评价对他们是有意义的。比如，一些小学生在课堂上故意违反纪律、扰乱秩序并且屡禁不止，其实表达着他们需要教师的注意和重视。尽管随着学生自我意识和独立性的发展，小学高年级或进入中学阶段以后的师生交往会发生一些变化，但教师仍然是学生的重要他人，学生所感受到的教师的态度在很大程度上影响着学生的个体生活经验。诺丁斯对一位教师的回忆或许能引起一些共鸣——

"记得有一年我生病了，咳嗽不断，她来看我，还给我带来了一瓶她自己做的番茄汁。以前我从来没喜欢过番茄汁，但是因为那瓶番茄汁是她给我做的，我是那么喜欢吃。直到今天我仍然喜欢番茄汁超过橘子汁。我还记得，她参加了我的高中毕业典礼，她是我在毕业典礼上最想看见的人。"[2]

一瓶番茄汁原本是无意义的，但由于它背后表征着一种重要性，这是"她给我做的"，代表着教师对"我"的重视和心意，它就有了"我"的意义，所以"我是那么

---

① 林崇德. 发展心理学［M］. 北京：人民教育出版社，1995：328.
② 诺丁斯. 学会关心：教育的另一种模式［M］. 于天龙，译. 北京：教育科学出版社，2011：117.

喜欢吃"。这种意义本身就代表着一种师生关系的内在精神连接，意味着学生与教师是彼此重要的，它构成学生内在生命的精神内容。因此，学生是需要从教师身上获得重要感的，这种重要感也使得教师变得更重要。在中学阶段，学生对待学科课程的态度在很大程度上受其对待任课教师态度的影响，学生对某一门课程的喜爱往往出于他们对上这门课的教师的喜爱，由此可以认为教师对学生是具有重要影响的；但还应探寻究竟是什么使教师显得如此重要，怀特海认为重要性是一种情感的转化，"我的重要性是我现在的情感价值……融入自我的重要性中的是他者的重要性"①，换言之，他者的重要性包含于自我的重要性中。在这个意义上，教师对于学生个体来说是重要的，并不是因为他们必然具有重要性，而更多的是由于学生从他们身上获得了自身的重要感和意义感，他们因而在学生的内在生命中具有重要意义。关于此，从一位学生称之为"一生难忘的教育"事件中可以窥见一二——

"下午我在办公室看到了赵老师新买的陶瓷茶杯，朴素简单却带着人文气息。随后，老师跟我们分享这个茶杯以及与之相关的文化故事，能够感受到老师非常喜爱它。这种感觉使得我更加小心翼翼地拿起茶杯想看个究竟，不知道是不是紧张的缘故，手打滑，杯盖'呼'的一声掉到桌子上，磕坏了。我惊呆了，莫名地紧张，'哇'地大哭起来，想着自己做事情总是这么笨手笨脚。赵老师见状立马走过来安慰我，给我擦眼泪，我心里更加内疚难受，哭得更厉害了。这时，老师看着我，温和地说：'好了，不哭了，你要再哭我就把杯子连同杯盖一起扔掉，到底是它更重要还是你更重要啊！'……'是它更重要还是你更重要'这句话像火烙一样印在我的心里，虽然仍旧难过，但感受到一股温暖，给我安全、信心和勇气……我突然意识到自己是一个小孩子，一个被肯定、被尊重、被保护的小孩子，一个还需要不断磨炼和成长的小孩子。看着老师，我真切而深刻地感受到她的爱是那么宽厚，那么充满期待……对我而言，这将是一生难忘的教育。"②

---

① 怀特海. 思维方式 [M]. 刘放桐，译. 北京：商务印书馆，2004：104-105.
② 摘录自笔者的调研日志。

（二）学生的重要性及其对教师的意义

一直以来，德育将教师视为学生的重要他人，却往往将学生的道德成长及其带给教师的安慰或愉悦等视为教师所获得的一种精神层面的"回报"。这里存在着一些潜在的问题，比如教师需要这种回报吗？这种回报是必然的吗？如果仅仅是一种回报，它对教师而言更多的是外在附加的东西，是可有可无而不可强求的东西。这种观念基于教育自身的价值立场来强调教师的奉献精神，但它往往遮蔽了教师自身的精神需求；在这种观念的影响下，教师能够感受到自己对于学生的重要性，却容易忽略学生对于自己的重要性。诺丁斯在师生的关心关系中强调关心的相互作用，在师生接触和交流的过程中双方可能交换位置和角色，教师可能从关心者同时变成被关心者，而学生也可能从被关心者变成关心者。换言之，在师生关系中，教师是需要从学生身上获得情感支持和精神鼓励的，这是教师的教育价值信念的一种内在精神需求，一定程度上正是这种需求使得"我-你"型师生关系成为一种可能。一位教师曾在教育手记里写下自己从学生的关心中获得的对教育的理解——

"那天是星期五，我走进教室准备上语文课……

'起立！'随着值日生罗同学清脆的口令，同学们精神抖擞地站了起来。

'同学们好。'我敷衍着。

'祝—李老师—生—日—快—乐！'回应我的，竟是这整齐而响亮的童音！

在我目瞪口呆之际，小小的讲台已堆满了鲜花、生日蛋糕、影集、笔记本、手绢、书签等各种礼物。台下，57双眼睛正闪着兴奋而得意的光芒望着我。与此同时，孩子们调皮地用富有节奏的掌声为我祝贺！

此刻，我的心情，除了感激，更多的是惭愧。我走下讲台，缓缓说道：'同学们，我受之有愧啊！……李老师并不是你们想象的那样高尚。但是，今天同学们又一次深深地教育了我：教师的艰辛劳动所换来的报酬，决不仅仅是金钱，而更多的，是丰厚得无法估量的精神财富！——这，才是今天同学们送给我的最珍贵的生日礼物……'我深深地鞠了一躬……我感到：面对这57颗晶莹的心，我的心也变得更加纯净起来!"①

　　不仅如此，在一定意义上德育永远是未完成时的，这不仅是就学生而言，对教师也是同样的。当教师与某个（某群）学生之间建立起积极的、亲密的或是友好的师生关系时，他就可能感受到自己对这个（这些）学生的内在的道德影响，这种感受就如同看到自己播下的种子慢慢生根、发芽和生长起来，这种持续的、不断丰满的体验对教师而言是一种心路历程。但是，当教师迎来新的学生，这种体验又不得不回到内心荒芜的起点重新开始；这是一条永远的心灵之路，但没有重复的风景，一个学生就意味着一个新的意义，正是这些意义结点的串联构成了教师职业生命的连线。从这个角度看，学生对于教师的意义可能并不亚于教师对学生的影响。亚米契斯曾在《爱的教育》（Cuore）中描述了一幅师生阔别多年后重逢的情境，或许能带来更为真切的感受——

　　"……我教了60年的书，我要告别学校，告别学生……是多么难，多么难啊！上完最后一次课，大家都送我回家，为我庆祝。我却很悲伤，因为我明白我的生命结束了……"说着他站了起来，走到小桌子边，打开一个长条抽屉，里面有许多用细绳扎好的小包，小包上写着四个数字组成的日期。他找了一阵后，打开一个小包，翻看里面的一叠纸片，最后抽出一张发黄的纸递给父亲。那是父亲40年前的一份作业！……老师指着那些小包说："这就是我的回忆，每一年我都要留出每个学生的一份作业，然后整理好，编上号。我经常翻阅……仿佛又重新回到了过去的岁月……多少学生啊！我闭上眼睛，就能看见一张接一张的小脸，一个接一个的班级……许多人我都记得很清楚……那些令我非常满意和让我伤心过的学生……不管怎样，我爱他们所有人。"②

---

① 　观点引用自李镇西于 2011 年在文化艺术出版社出版的《生日的祝福》。
② 　亚米契斯. 爱的教育 [M]. 梁海涛，蔡雪萍，译. 上海：上海人民出版社，2005：210-211.

二、 师生关系的道德影响及其德育意蕴

（一）具有德育意义的师生关系——一种区别和澄清

师生之间的接触、交流是一种相互作用的关系，在同样的德育情境中，作为关系的双方，教师与学生有自己不同的感受和认识关系的角度。比如，一项关于小学师生对师生关系的知觉研究发现，师生在师生关系的知觉上存在显著差异，教师知觉到的师生关系要比学生知觉到的师生关系更为积极[①]。因此，尽管师生关系是一种不平等的人际关系[②]，需要教师做出更多的积极努力，但并不意味着它只围绕教师而存在。现阶段，德育更多地强调师生关系需要教师来"建立"，这种强调首先需要克服一种误导：似乎只有当教师关注到了学生才有所谓的师生关系，从而使得教师更容易关注自己的教育行为而忽略学生的行为表达，进而忽略那些不是通过有意识的建立来完成的但却客观存在着的师生关系。已有心理学的研究发现，师生双方对对方发起互动行为的敏感性程度和反馈行为有一定差别，教师对学生发出的互动信息敏感性程度较低，相对而言学生对教师发起的互动信息更为敏感[③]。从学生个体的角度看，师生关系是在师生生活中自然生成而后客观存在着的人际关系，即使教师没有关心他、没有批评他，在他的认知或感受中仍然存在着某种具体的师生关系——可能既不是亲密的也不是冲突的，或可能是淡漠的甚至消极的；这种关系仍然会影响学生的个体生活经验。因此，所谓教师主观建立的师生关系，更多的是要将师生在德育生活中一些潜在的、不被注意的关系性线索有意识地进行强化或调整，从而使其具有积极的德育意义。

从这个意义上说，教师要建立的师生关系应当是一种具有德育意义的关系。那么，怎样的关系才具有德育意义呢？它首先应当孕育着一些基本的道德品质比如尊重、宽容、仁爱、关怀等，同时，师生关系的双方都处于一种积极的、彼此信任和期待的生命状态。朱小蔓称之为一种具有"双重意向性"的关系——

---

① 王晓华，王耘. 3～6 年级学生及其教师对师生关系知觉的比较研究［J］. 心理发展与教育，2006（3）：23-29.

② 对于师生关系是不平等的关系，已有学者（如诺丁斯）深入探讨过，在此不做讨论。

③ 观点引用自庞丽娟于 2001 年在北京师范大学出版社出版的《教师与儿童发展》。

"从教育现象学看来，不是所有的关系都是教育关系，最好的教育关系是在师生（亲子）之间那种孕育了某些特殊品质的关系。教育的关系总是有着双重的意向性关系，在这种关系中成人的奉献和意向是让孩子茁壮成长、走向成熟。反过来，孩子需要有一种乐于学习的欲望。"①

这种关系首先需要教师敞开心扉去接纳、感受学生的内心世界，与学生展开心灵的沟通。苏霍姆林斯基强调它要建立在教师对待学生的人道主义态度的基础上，他曾对教师说："假如你们需要的话，我来告诉你们，教育的秘密就是要使学生始终有这样的希望，希望你们做他的朋友，希望你们是一个有智慧、有知识、能够付出情感、道德美好、精神美好而且丰富的人。"② 这种态度意味着教师是充满关怀和爱来认识并介入学生的个体生活，学生能够从中获得安全感、信任感和惬意感等，从而使师生关系成为一种亲密的、细微的、人道的关系，能够生成道德氛围、产生在场或不在场的道德影响。

（二）在场的师生关系：一种道德对话

德育中谈论的师生关系，首先是一种在场的师生关系。所谓在场，指教师与学生都置身于同一个现实的有限时空中，可以展开面对面的交往。在场的师生关系是一种即刻的、亲临的、彼此感受并且不断生成的师生关系。在这种师生关系中，教师与学生一方面基于自身已有的生活经验参与到彼此的交流互动中，另一方面又不断从对方的生活经验中获得触动、感悟乃至震撼，并以此调整、丰富自身的个体生活经验。在德赖特·鲍伊德看来，这种内在的经验交流就如同师生之间的一种内在的道德谈话，他认为"教育是一场独特的人类道德的谈话"，"在这场谈话中进行交谈的那些人，就是与教师有直接人际联系的那些人"，"谈话者的观点就是他自己的维持生计的方

① 朱小蔓. 关注心灵成长的教育——道德与情感教育的哲思 [M]. 北京：北京师范大学出版社，2012：220.
② 博古什. 苏霍姆林斯基人道主义教育中的惬意童年 [J]. 中国德育，2007（3）：15-18.

式"①，换言之，无论这种谈话的具体内容如何，教师其实是以自身对于"成为人究竟意味着什么"的看法在向学生倾诉。因此，鲍伊德将教师视为"积极的声音"，并强调这更多地表达着一种意向状态的"内部"（主观的道德愿望）而不是"外部"（客观的道德陈述）。在这个意义上，教师作为"积极的声音"扮演着一种邀请的角色，"只有当某人具有积极表达出来的意图，想邀请那些还没有参与进来的人加入到这场谈话中来的时候，教育才算是真正发生了"②。鲍伊德的观点具有重要的启示意义，但也有一个问题，他基于社会角度更多地将学生视为"接受者""传播者"，因而将这种关系看作是一种谈话而不是对话。从个体道德的角度看，道德本身是具有开放性、情境性的，相对教师而言，学生也有内部的声音，有积极表达的意图。对此，莫妮卡·泰勒更加认同教育是一个对话的过程，"所谓对话，是一种真正意义上的交流，它隐含着这样一个意思：参与交流讨论的所有人都应该值得称道，并予以尊重；教师应该让学生畅所欲言，倾听学生的学习体会，倾听他们的困惑和担忧"③。

在这些认识的基础上，德育可以将在场的师生关系视为一种道德的对话。此所谓道德是指个体意义的、具体的道德经验，是指师生各自的内部"积极的声音"（借用鲍伊德语），它可能包含着不同的看法，而正是这些不同使得对话（而不是谈话）成为必要。同时，这种对话包含着不同的层次水平，它既可能是一种表面的、停留于口头语言与体态语言的"面具"式的交往，也可能是一种彼此敞开的、至达心灵语言的深层情感交流。进一步来说，很多教师基于自身对教师角色的认识，在师生关系中都习惯带上某种"面具"——

"作为教师，他必须在学生面前维护自己的权威和楷模形象，他的角色规范随时提醒自己要注意言行举止。教室在教师的心目中是一个表现自己神采的舞台，走进教室就意味着正式登场，就意味着自己的一言一行都要体现教师的德性，塑造教师的形

---

①　鲍伊德. 专业化与教学：尚未解决的道德紧张状态［M］. 杨韶刚，译 // 鲁洁，朱小蔓. 道德教育论丛：第 2 卷. 南京：南京师范大学出版社，2002：344-345.

②　鲍伊德. 专业化与教学：尚未解决的道德紧张状态［M］. 杨韶刚，译 // 鲁洁，朱小蔓. 道德教育论丛：第 2 卷. 南京：南京师范大学出版社，2002：246.

③　泰勒. 价值观教育与教育中的价值观［M］. 杨韶刚，万明，编译 // 鲁洁，朱小蔓. 道德教育论丛：第 2 卷. 南京：南京师范大学出版社，2002：367.

象，树立教师的权威……这是教师这一角色对教师提出的规范和要求，这种规范使得教师不得不戴上面具，教师角色意识越强烈，戴上面具要求也就越深沉，以致'面具'成为自身的一部分。"①

在面具意识和面具感中，师生关系只可能是一种浅层的道德对话，因为这种面具意识本身使教师更多地关注和控制自己的行为，而不是关心、思考或转变对学生的认识和态度。并且，这种面具更多地意味着一种群体效应，它是有影响条件的——更多地基于教师"对身处环境的权衡和对对象的分析"以及自身"情绪的强烈程度和自我的控制能力"②，当教师面对个别学生并且自身情绪非常糟糕时，这种面具就会被抛弃，道德对话也会受到影响。从某种意义上说，教师所戴的"面具"无法成为"自我"。在面具下，教师的内心是关闭的、无法真正敞开，他们不愿意表达自己真实的情感是因为他们知道这种表达可能会有损自身的教师形象，但不表达并不意味着它不存在，教师在自我压抑中往往较少反思自身真实情感本身可能存在的问题。对此，鲍伊德特别强调"教师本人在有效地邀请别人参与进来之前，必须学会怎样从教育的道德谈话内部来讲话"③。教师如果不能与自己展开真实的对话，他也就不可能与学生展开真实的对话，"学生天然地有一种非常敏锐的识别不真实和伪善的能力。如果教师在这个层面上给出的是他人的理由，那么，他们在教育上就是不真实的……只有通过真诚地显示出他们要教某些东西的最终理由，教师才……使学生听到他们道德的声音"④。因此，在真正深层的道德对话中，教师首先是向学生敞开的。一方面，这种敞开意味着教师呈现内心的真实，这并不是要求教师在学生面前没有秘密、不能有威严等，而是指教师能够让学生感受到一种真实的自我对话的道德态度；另一方面，这种敞开还意味着教师首先将关心指向学生（而不是自己），他想听到学生的声音、知道学生内心的想法从而更真实地认识学生。因此，这种敞开本身就表征着教师对学生

---

① 王枬，等. 教师印迹：课堂生活的叙事研究［M］. 北京：教育科学出版社，2008：92.
② 王枬，等. 教师印迹：课堂生活的叙事研究［M］. 北京：教育科学出版社，2008：89.
③ 王枬，等. 教师印迹：课堂生活的叙事研究［M］. 北京：教育科学出版社，2008：351.
④ 鲍伊德. 专业化与教学：尚未解决的道德紧张状态［M］. 杨韶刚，译∥鲁洁，朱小蔓. 道德教育论丛：第2卷［M］. 南京：南京师范大学出版社，2002：348.

的一种具有道德感染的爱，"当教师超越小我情绪和思维的局限，全神贯注于当下，让自己处于毫无恐惧、轻灵、平和、优雅的状态，这扎根当下定境的'爱'就有了超越的力量，就会自然流向学生，并且容易被学生感受和接收"①。在此基础上，师生之间才可能相互倾听、理解、表达与分享，才可能产生一种心灵与心灵的感应。

（三）不在场的师生关系：内在而持续的道德声音

不在场的师生关系是基于在场的师生关系而形成的，所谓不在场，指教师与学生置身在具体不同的现实时空中，既无法展开面对面的交往，也无法获得直接的关联和沟通。相对于在场的师生关系而言，不在场的师生关系是已经生成的、具有弥散效应的、可追溯的一种单向静态的师生关系；这种关系中，教师与学生已经成为对方的一种既定的精神存在，他们不能彼此感受却可以从中获得一种自我体认。可以认为，不在场的师生关系其实不再是一种互动生成的师生关系，而是一种内在的道德影响的延续。当在场的师生关系成为一种道德对话时，只有那些深层的道德对话才可能生成"更多"（威廉·詹姆士语），即在学生的心灵深处留下某种道德的声音，对学生而言，这种内在的、可持续的道德声音可以穿越个体完整的精神时空，从而构成一种不在场的师生关系。在学生的精神世界中，这种内在而持续的道德声音包含着某种具有道德意义的弥散性的情绪存在，它成为学生深层道德经验的一部分。一方面，它潜在地影响学生在日常生活中的道德直觉与判断，从而影响着学生对其他各种关系的处理，比如它可能影响生生关系、亲子关系等；另一方面，当学生遭遇某一特殊情境时，它可能基于内在需求通过回忆或追溯被唤醒，使学生获得一种师生关系的再体验，从而生成某种道德意愿影响学生当下的行为选择。关于不在场的师生关系对学生个体的这种道德影响，往往在成人的回溯中得以明显表达。比如，日本著名作家黑柳彻子曾在回忆她的小林先生时写道——

"写下巴学园的故事，是长期以来，我最想做的事情之一。……我曾经和校长先生约定'长大以后，要做巴学园的老师'。但是，我并没有兑现这个诺言。所以，我

---

① 吴国珍，等. 心灵的觉醒：理解教师叙事探究［M］. 北京：北京师范大学出版社，2010：147.

想至少要让人们知道，有这么一位小林先生，他是怎样深深地爱着孩子们，他是用什么方式来教育孩子们的。……就拿我来说吧，先生不停地对我说'你真是一个好孩子'，一直到现在，这句话还在鼓励着我、支持着我！它对我的鼓舞无法估量。"①

从某种意义上说，黑柳彻子基于回忆写下《窗边的小豆豆》，其背后的精神支撑，正是小林宗作校长与她之间的不在场的师生关系，这种关系已经成为她长时期的内在而持续的一种道德声音，其中包含着小林宗作带给她并已经融入她的精神生命的关于教育与人的理解和期待。

---

① 黑柳彻子. 窗边的小豆豆 [M]. 赵玉皎，译. 海口：南海出版公司，2003：245.

第五章

师生生活视域下德育的精神追求

我改变不了这个世界，但可以改变我的课堂。

——许纪霖

　　基于师生的现实生活深入探讨德育的精神性追求之可能，有必要从师生的生活场域进一步转向师生的生活视域。一般来说，"场域"（field）是社会学和社会心理学所使用的概念①，主要表征着人的一种时空意义。布迪厄认为它"就像一个网络，或位置间的客观组态（configuration），行为主体会依照位置的存在状况，以特有的权力，形成特殊的客观关系"②。社会心理学也认为"场域"在物理环境以外还包含着与个体行为相关联的诸多影响因素。从生活场域考察师生在德育过程中的精神样态、探讨德育的精神性追求，更多的是立于社会角度，遵循一种由外而内的分析路径。然而，德育的精神性追求不仅要关注师生应如何面对生活中遭遇的道德精神困境，更要观照师生在这种困境中的内在冲突与对话、主体感受及变化等，还需要从个体角度，遵循一种由内而外的分析路径分别考察教师与学生自身的生活视域。"视域"（horizont，也译作"视界"）在现象学及解释学中被赋予了特殊的哲学意义，表示个体在其中进行领会、理解的构架或视野，它包含着自身不断形成的过程并与个体的意向活动相关联，"在每一个意向活动的对象周围存在着一个视界……从意向活动方面来说，这个视界预示着意识活动的可能性。意识活动可以从这个视界中的、潜在的、还没有被给予的东西成为现实的被给予的东西"③。可以认为，视域隐含着一种动态的意向性，相对于"场域"对人的意义，它更多地意味着一种不断生成的内在联系，一个人的视域是他所感受到的自身与生活中其他事物之间既定的与可能的内在联系④，在某种意义上，正是这些联系构成了他自身的生活世界。德育过程中，教师与学生在共同的现实生活场域中有着各自不同的生活视域，而师生交往、生生交往就包含着不同生活视域间的对话与交流，从而使师生个体的生活视域得以不断拓展。深入考察德育的精神性，应当进入师生个体的现实生活视域中，分别从教师与学生对德育生活的不同的具

---

①　它源自物理学关于"场"的概念，在物理学中，"场"是物质存在的一种特殊形式，场中包含已知的效应并且在每一点上具有确定值，比如电场、磁场等。

②　谭光鼎，王丽云. 教育社会学：人物与思想［M］. 上海：华东师范大学出版社，2008：395.

③　刘放桐. 现代西方哲学：下［M］. 北京：人民出版社，1990：557.

④　怀特海. 思维方式［M］. 刘放桐，译. 北京：商务印书馆，2004：64.

体感受与体认中把握德育的现实境遇，反思德育问题，基于教师与学生的内在精神需要探寻德育的精神追求的可能途径。

第一节　教师生活视域下德育的精神追求

一、　教师在教育体制中的精神困境

教师个体的生活经验和现实境遇构成了他的生活视域，他只能以此来认识自己、学生、道德、德育以及几者之间的相互关系。从教师的生活视域出发，德育在师生生活的空间层叠以及时间观念中的精神困境，最终聚焦于教师个体的学校德育生活，这在当前学校教育中更多地体现为一种教育体制下的精神困境。它主要有两种可能存在样态：一是教师在学校德育生活中面对教育体制所感受、体验到的自身内在精神层面的困惑与不满；二是教师在学校德育生活中适应了教育体制，但在学校生活之外（比如社会生活中）却遭受到道德或精神层面的批评与指责。这两种样态有可能相互关联和影响，其中，第一种样态表征着教师内在的主体精神与外在的客体化精神之间的一种矛盾，它对教师个体而言是一种显性化了的困境。教育体制作为教育管理与执行机构以及相关教育规范的结合、统一，自然包含着不同教育层级的机构体系和规范体系，教师个体是内在于这些体系中的，他需要在这些体系中获得一个自身的位置（或者说是定位），需要它提供一种既定的、普遍的精神内容才可能展开自身的教育教学活动。然而，对教师个体而言，这些体系所包含的自上而下的规则和要求，又体现出一种客体化的精神意志，意味着外在的有限和社会化的束缚，它试图使教师的主体精神服从教育体制的日常性。在第一种样态中，教师的感受正源自这种外在的有限性和束缚，比如一项调研指出，当前中学有超过三分之一的教师认为上级给学校下达的德育任务很少考虑到学校实际情况，同时近四分之一的教师认为上级下达的德育任务具有较大的随意性①。在这种情况下，教师对于教育体制可能带来的具体的德育问题是清晰的、有意识的。但是，当教育体制对教师的外在约制力过强以致教师不得不去回

---

① 檀传宝，等. 问题与出路——若干德育问题的调查与专题研究 [M]. 杭州：浙江教育出版社，2009：141.

应那些被明确定义的规则和要求时，如果教师自身也缺乏相应的主体精神的自觉与超越能力，他就有可能渐渐成为教育体制的附庸。正如美国教育哲学家马克辛·格林所看到的，"在很多地方，由于官僚体制和组织结构的繁复，个人感觉到要突破越来越难。他们通过那些模糊的期望来界定自己，他们允许自己被组织、办公程序或者形式纳入体系……"①。这其实是教师逐渐被体制化的过程，当教师的主体精神、内在自我在教育体制的约制下逐渐被遮蔽，他们面对体制的内在感受也发生着微妙的变化，就如同电影《肖申克的救赎》中一段旁白所描述的那样——

> 这些墙很有趣。刚入狱的时候，你痛恨周围的高墙；慢慢地，你习惯了生活在其中；最终你会发现自己不得不依靠它而生存。这就叫体制化。

面对教育体制这面"高墙"，教师有可能从最初的负面情绪的抵触逐渐转向一种习惯性接受，直到最后发现无论别人如何评价，自己却"不得不依靠它而生存"。这最终导致了第二种样态的精神困境，相较于第一种样态，它是教师所遭遇的更为深层的困境。换言之，就教师个体而言，最根本的精神困境还不是教育体制所带来的一种外在的精神束缚和压力，而是教师面对这种束缚和压力时所持有的已经习以为常的漠然态度。应当指出，在现实鲜活的德育生活中，完全适应并习惯于教育体制（完全体制化了）的教师是比较极端的例子，更多的教师还处于不同程度的体制化的过程中，他们的内在感受与体验包含着复杂情绪，充满矛盾。一些中小学教师在访谈中提及自己确实感受到教育现实中存在着这样或那样的问题，表达出对现实教育体制的不满，但同时他们也表示自己无能为力——"我又不是校长，我又不是教育局长，我能有什么办法？"② 在这种情况下，一些教师更多地出于现实的个人职业生存与发展的考虑而最终选择"循规蹈矩"，缺乏反思地完全依照教育体制的规则和要求展开教育教学活动。鲁洁认为这种做法其实是以体制之名逃脱自身应有的真正的教育职责——

---

① 格林."清醒"和道德地生活 [J]. 中国德育，2010（1）：32-37.
② 观点总结于笔者 2009 年 10 月至 2011 年 11 月之间在陕西、浙江、安徽和江苏四省部分中小学的调研日记。

"面对现今几乎人人都感其病态的学校教育，人们往往只是发出一声无奈的叹息，'体制就是这样，谁也无法改变'。许许多多当事者都会很轻松地将教育失真的道德的责任推向'体制'。在'体制'的'笼罩'下……似乎谁都可以不受道德良知的谴责。"①

她将这种态度与行为批评为"平庸的恶"②，认为这是对现有教育的一种"病态适应"。在这种适应中，教师所失掉的是个体内在生命以及其得以不断丰富与扩展的自觉和超越，甚至失掉的是教育自身的希望与可能。这种态度与行为不但无益于自下而上的教育现实的改善，同样也无益于自上而下的教育体制改革，"体制改革进度缓慢，只要我们还在等待，就依赖'它们'为我们做这些工作——却忘记了体制中也有'我们'——我们只是在推迟改革，继续慢慢陷入悲观和怀疑……"③ 在这种"病态适应"下，教师更容易习惯教育体制的给予，甚至把体制自身的改革也看作一种纯粹的自上而下的给予，容易忽略"我"在改革中应有的地位和作用。这一点在当前有比较真实的写照，国家第八次基础教育课程改革已经进入新的阶段，但仍然有部分教师（甚至可能是骨干教师）受困于教育评价体制，对课程改革表示困惑甚至质疑——"高考、中考的指挥棒不变、考试评价标准不变，品德课程应如何教？""品德课要真正实现课改精神，我认为要从评价制度的改革开始。""我们国家的课改已经讲了又讲了，但考试制度不变，我们的教育就还是应试教育，课改也就成了空话一句。"④ 应当承认，这些观点确实来自部分教师的现实感受和诚实表达，但它们更多地隐含着这样的情形：撇开所谓的评价制度的问题，教师似乎不太关注自身还能够做点什么。

二、 教师所能把握的德育时空

面对时代发展、社会生活和国家教育体制下德育所遭遇的精神困境，应当承认以

---

① 鲁洁. 超越性的存在——兼析病态适应的教育 [J]. 华东师范大学学报（教育科学版），2007，25（4）：6-11，29.

② 伦理学家阿伦特曾在《艾克曼的耶路撒冷：一篇关于平庸的恶魔的报告》中将纳粹军人以服从体制安排为由为自己的行为做出的无罪辩护称为"平庸的恶"。

③ 帕尔默. 教学勇气：漫步教师心灵 [M]. 吴国珍，等译. 上海：华东师范大学出版社，2005：20.

④ 选摘自"国培计划（2011）"义务教育骨干教师远程培训网络交流平台上一线教师的在线讨论。

某位教师个人之力不可能力挽狂澜，但这也并不意味着教师个体就完全无能为力。帕尔默认为，真正有意义的改革变化首先是来自教师的内心，而不是基于内心之外的因素如教育拨款、方法论、课程以及制度重建等①。相对于一味期待学校之外的或是教育体制的自上而下的"给予"，教师可以基于自身的教育信念作出更为积极的选择。具体来说，如果教师能够明确他首先直接是要对自己所面对的学生、一个个活泼的生命、正在成长的心灵负责任，那么，他就有可能体会到当下的、此刻的班级、教室、课堂正是自己所能把握的德育时空——在这里，教师可能把握自己、把握学生、把握德育内容和方式方法等，可以顺从内心的道德声音，进行相对自主的教育选择。对此，余秋雨在追溯岳麓书院时曾讲过一个意味深长的故事——

"法国有个匪徒闯进了一家幼儿园，以要引爆炸药为威胁向政府勒索钱财。全世界都在为幼儿园里孩子们的安全担心，而幼儿园的一位年轻的保育员却告诉孩子们，这是一个没有预告的游戏。她甚至把那个匪徒也解释成游戏中的人物。结果，直到事件结束，孩子们都玩得很高兴。保育员无力与匪徒抗争，她也没有办法阻止这场灾难，她所能做的，只是在一个庭院里展开一场温馨的游戏。孩子们也许永远不知道这场游戏的意义，也许长大以后会约略领悟到其中的人格内涵。我想，这就是教育工作的一个缩影。面对社会历史的风霜雨雪，教师掌握不了什么，只能暂时地掌握这个庭院、这间课堂、这些学生。"②

面对德育所遭遇的精神困境，正如许纪霖所说："我改变不了这个世界，但可以改变我的课堂。"需要说明，这并不是一种纯粹的理想主义或英雄主义，而其实是一种基于教育信念的、现实有限的力所能及，是要求教师在自己可能做主的小小地盘上从点点滴滴开始做起；这就是教师个体对现实困境的抗衡和争取，这种态度本身就是迈出困境的第一步，而从整体的教育发展看，这也是德育改造的星星之火，它使得教师始终内在地保有教育的热诚。《南方周末》曾报道了一篇名为《一个中学老师的

---

① 观点引用自帕尔默的《教学勇气：漫步教师心灵》。

② 余秋雨. 一个庭院 [M]. 北京：华夏出版社，2008：162-163.

"教育家梦"》的文章，讲述了一位马老师面对当前学校中普遍存在的应试取向以及对真正人文课程的忽视，明确指出当代中学生有知识却没有是非判断力，有技术却没有良知，他们患有"人类文明缺乏征，人文素养缺乏征，公民素养缺乏征"，为此，他坚持在自己的语文课堂上展开一种广博的人文素养教育。对这种人文素养教育，他的学生回忆道："马老师会用初一、初二两年的时间教完三年的课程，初三一整年都用来进行课外阅读，大量讲述鲁迅、卡耐基及进行中日文化比较研究。""他讲到忘我时……依靠自己大量的知识储备发挥，和学生互动，带动学生跑进思考的草原；甚至，他会让学生合上书本，在课堂上看电影、听音乐、欣赏诗朗诵。""那是真正意义上的启蒙，我们……开始认识到人生最重要的是要追寻意义和价值，知道了自信的重要，以及做自己喜欢的事更能激发潜能。"① 这篇文章随即引起社会层面的广泛关注和讨论，马老师的坚持得到更多人的认同和赞赏，可以认为，他在自己的课堂上不仅坚持着个人的教育信念，更坚守着整个教育的精神阵地，从而使得他的学生和他自身都更可能成为一个真正意义上完整的人。

三、 教师的精神生活与德育意识

如果承认教师在所遭遇的精神困境中有其自身可以把握的德育时空，那么就有必要从教师的角度进一步探讨：如何可能在困境中把握好这一德育时空？这与教师的真我以及在真我之上的德育意识相关联。首先，需要回到教师的内心，回到教师自身德育信念的问题，它关涉教师本真的自我存在。用帕尔默的话说，教师的内心是"自身认同和自身完整的呐喊""自身认同和自身完整……处于复杂的、不断需求的、终生自我发现的过程中的敏感领域"②，教师在这个领域里汇聚、生成内在的精神力量，获得不断自我调整的动力。从这个意义上说，教师在教育体制中所感受和体验到的困惑与不满，其实是自我认同与自身完整遭遇破坏时教师源自内在力量的一种抗争，这种抗争蕴含着教师在德育中的可能作为，它意味着想要超越德育的精神困境并不是对教师提出的一种外在要求，而是基于教师内在的自我生命和精神发展的需要。因此，

---

① 曾鸣. 一个中学老师的"教育家梦"［EB/OL］.（2012-02-09）［2020-12-16］. http：// www. infzm. com/content/69239.

② 帕尔默. 教学勇气：漫步教师心灵［M］. 吴国珍，等译. 上海：华东师范大学出版社，2005：14.

对教师个体而言，不逃避内心的抗争，直面并正视自身的负面感受就是走出精神困境的第一步，这同时也揭开教师在新的起点上认识自我、寻找自我认同和自身完整的过程。

在此基础上，教师的内心可能不断地叩问"我是什么"，当教师专注于这一问题的时候，他就逐渐从自我认识走向自我意识①；教师的自我意识与道德意识、德育意识密切关联。前文已指出，教师正是在自我认识的基础上来认识自己与学生的关系从而认识自身的道德，形成对道德以及德育活动的理解。具体来说，这种自我认识包含着时间性的价值链条：教师在面对自己的第一时刻往往是在寻找一种可能的自我，"当人们作出'我是什么'的发问时，他的兴趣并不在每时每刻的我之所是，他主要求索的是'我可能是什么'的答案"②，教师的内在价值首先是指向未来的，再以这种可能为标准来认识即时的、当下的"我"，并从过去的"我"中寻找对这种认识的理解和阐释。这一时间性的价值链条使得教师的自我意识（"我"对"我"的意识）成为可能并形成其内在的时空架构，教师在这一架构中可以反观与自身相连的各种关系，从而形成自身的道德意识和德育意识。还应指出，教师的道德意识是德育意识的前提，难以想象一位教师在缺乏道德意识的情况下还可能带给学生好的德育。诚然，一位秉性善良但缺乏主体道德意识的教师，也可能会对学生产生一些潜移默化的道德熏陶，但这绝不是真正意义上的德育，它至多可算作是一些自发的、零散的、片断式的道德影响，若将其视为德育是危险的，这种认识最终是将德育蜕变为一种随机性的概率事件。

因此，面对教师所能把握的德育时空，德育的精神性追求对教师的自我意识、道德意识和德育意识提出了必然要求。对教师个体而言，这些意识需要在由内而外、内外互动的过程中自然养成，其不断完善和发展离不开教师内在的、持续的精神积淀，离不开教师自身精神生活的扩展。

（一）阅读与教师的自觉意识

在人的精神生活的诸多方式中，阅读对于教师个体的精神发展具有重要意义。一

---

① 鲁洁. 道德教育的期待：人之自我超越 [J]. 高等教育研究，2008，29（9）：1-6.
② 鲁洁. 道德教育的期待：人之自我超越 [J]. 高等教育研究，2008，29（9）：1-6.

般而言，人们较多地从教师精神发展的内容层面来强调阅读的重要性，阅读内容的广度与深度往往被认为是影响教师人文素养的重要因素。特别是《义务教育语文课程标准（2011 版）》在附录中提出关于课外读物的建议，"要求学生 9 年课外阅读总量达到 400 万字以上，阅读材料包括适合学生阅读的各类图书和报刊"，这也对新时期的教师专业发展提出更高的要求，如果教师缺乏足够的阅读面和阅读量，就难以与学生展开深层的精神对话，难以在精神上引领学生不断发展。从德育的精神性追求看，这是阅读意义的一个方面，另一个很重要的方面是教师在阅读过程中往往会处于一种内在激活的精神状态，这种精神状态会随着习惯性的阅读活动渐渐进入人的思维模式，并影响教师内在人格的发展。"读书时不断被激起的冲动、想象、思考和希冀，它们慢慢地便会在你的精神和人格上留下越来越深、难以磨灭的印记。"[①] 进一步来说，专注于阅读的教师正处于一种心灵开放、深入感受和思考的状态，他在这种状态中展开跨越内在精神时空的想象，并在想象中进行心灵对话。由于教师可以通过阅读获得一定量的知识或信息，表面上看阅读中教师似乎是在与作者对话，但其实他更多的是在与内心深处的另一个自己对话，换言之，与其说教师主要是在读作者的纯粹意图，不如说主要是在读另一个自己的经验认识。这就有如埃德加·莫兰所区分的"外在于我们的真相"和"我们自己的真相"——

"书籍在我们身上构成'对真相的经验'，揭示了我们在心中一向怀有而不知道的、被掩蔽的、深刻的、未定型的真情并将之明确显示。这使我们获得双重的喜悦，因为我们在对一个外在于我们的真相的发现中又发现了我们自己的真相，这个外在的真相和我们的真相汇合、融为一体并成为我们的真相。"[②]

正是这一过程使得教师可能在阅读中听到自己内在的道德声音，驻足心灵的深层，感受自身内在的生命存在。因此，阅读内容以及教师专注的阅读状态有助于教师自我意识和自觉意识的养成，从而使阅读可能从书籍走入教师的现实生活，使教师对

---

① 朱小蔓. 让读书支撑我们的生命 [N]. 中国教育报，2003-08-07 (5).
② 莫兰. 复杂性理论与教育问题 [M]. 陈一壮，译. 北京：北京大学出版社，2004：134.

书籍符号的思考转换为对现实具体生活事件的思考。这种书籍与现实生活间转换的循环往复又构成了教师的反思性的精神生活轨迹。莫兰由此特别强调阅读的意义——

> "我从未停止被生活推着走，但是书籍在我的生活中无时不在并影响着它。书籍总是鼓励、照亮、指引我的生活；反过来，我的生活永远保持为讯问的状态，它不停地求助于书籍。"①

对教师个体而言，这种意义在现代与后现代相交融的文化危机中更加凸显。面对新的视觉和数码文化带来的冲击，特别是后现代文化中电视、电脑、多媒体、互联网以及信息、资讯的高速流通给人们生活带来的极大影响，杰姆逊认为当前人类的生活已经趋于视觉化，但这种视觉化所表现的形象并不是真实的生活本身，而是生活的"模拟的假象"（simulacrum），即是对生活的一种复制和呈现②。在这种视觉化的生活中，越来越多的人习惯接受感官的刺激，吸引眼球的或是快速切换的镜头与画面压缩了人内在体味与思考的精神时空。相对于视觉媒介，书籍、文字往往需要人们调动更为深层的内在经验和知觉，在这个意义上，书籍与文字的阅读对于教师而言不只是一种呈现，还是一种自我的再塑造、一种具有创造性的行为，教师在这种行为中可以保有自我开拓和创造的激情。

（二）教师的道德敏感性与德育意识

20 世纪 80 年代以来，道德敏感性（moral sensitivity）成为道德心理学中融合认知与情绪情感复杂交互作用的一个新的研究内容。基于道德判断与推理的研究，詹姆斯·瑞斯特将道德敏感性作为个体道德行为的四个心理成分之一③，认为它是个体"对情境的领悟和解释能力，是对情境道德内容的觉察和对行为如何影响别人的意识，即敏感地认识到'这是个道德问题'"④。与此相对，詹姆斯·威尔逊在对道德情绪情

---

① 莫兰. 复杂性理论与教育问题［M］. 陈一壮，译. 北京：北京大学出版社，2004：134.
② 李欧梵. 未完成的现代性［M］. 北京：北京大学出版社，2005：88.
③ 1983 年，以瑞斯特为代表的美国明尼苏达大学伦理发展研究中心提出了道德行为的四成分模型，认为道德敏感性、道德判断、道德动机和道德品性（moral character）是构成道德行为的四个心理成分。
④ 郑信军，岑国桢. 道德敏感性的研究现状与展望［J］. 心理科学进展，2007，15（1）：108-115.

感的强调中，认为道德敏感性主要由人的道德情绪情感和道德习惯构成，"道德的第一元素是本能性和反射性地引导行为的道德情感，第二元素是反映人的特质或倾向的行为习惯。这两个元素的形成使人表现出道德敏感性。这种敏感性体现在具有生物学基础的倾向性之中……"①道德心理学的相关研究为人们认识教师的道德敏感性提供了重要的理论和事实依据。在此基础上，从德育的角度看，教师的道德敏感性主要表现为教师在具体的德育生活情境中对作为事实存在的道德的一种趋于本能的觉察和注意。可以认为，教师的道德敏感性本身包含着一种道德意识，它在内容层面主要包括教师对自身道德、学生道德以及德育内容的敏感，这三方面的内容相互关联。教师对自身的道德敏感是其对学生的道德状况以及德育内容产生敏感的前提条件——

"如果今天的教师要教育年轻人进入道德的生存境界中，他们必须更加投入到自己的生活中，打破机械的生活，超越习惯性的行为方式，即使他们认为这些行为方式是道德的……"②

前文已指出，无论是在整体性的教育改革之中还是在此之外，清醒的教师是一直抱有内在挣扎的，这种挣扎以及由此带来的痛苦感受蕴含着教师面对困境的可能作为。从教师对自身的道德敏感来看，它首先源自教师面对道德现实的这种内在持续的负面感受，而教师对这种负面感受的觉察和反省又使得自身的道德敏感转化为一种道德意识。玛克辛·格林认为，开发教师自身道德敏感性的一种重要方式就是使教师在道德生活中保持"清醒"（wide-awakeness）：教师可以面对自己的（教育）生活方式不断询问"为什么"，伴随着"为什么"，教师可能会产生焦虑感、陌生感等一系列面对日常生活矛盾的负面感觉，甚至会遭遇被统治的无力感等，但是教师通过思考自己在现实中的处境、寻找束缚自身的力量、解释这种生活经历，然后学会理解身边正在发生的事情，可以逐渐获得自主感③。可以认为，教师的"清醒"使得他们在自我认识中始终指向一个具有超越性的自我，在"为什么"的询问中教师更关注的是"我可

---

① 陈会昌. 道德发展心理学 ［M］. 合肥：安徽教育出版社，2004：232-233.
② 格林. "清醒"和道德地生活 ［J］. 中国德育，2010（1）：32-37.
③ 格林. "清醒"和道德地生活 ［J］. 中国德育，2010（1）：32-37.

能是什么"（而不是"我是什么"），教师可以通过这种努力保持对自身生活的敏感性，从而发展主体道德意识。

如果教师在自身生活中是具有道德敏感性的，那么，他们在德育生活中与学生展开交往互动时，就能够对隐含于德育过程中的道德问题更加敏感。这种情况下，教师是出于自身内在的道德（而不是外在的要求）来感应学生和德育内容，从而觉察到学生的道德状况、德育内容所呈现的道德及相关问题等。从教师的角度看，自身、学生以及德育所包含的道德内容并不是相互割裂的而是相对一致和统一的，这又反过来强化了教师关于道德的自我认同和自身完整。在这一过程的循环往复中，教师本身可能获得一种对教育、德育的道德的理解和自觉，他们可能越来越习惯听从内在的道德声音来体味和反思自身从体制内外获得的真实的德育体验，进而以此反思德育活动本身。从这个意义上讲，教师的道德敏感性使得他们可能具有德育意识，即教师能够站在教育最基本的价值立场——从活生生的、具有个性特点的人出发，将促进完整人格的发展作为根本价值追求——以自身内在的道德之眼来审视德育。因此，具有德育意识的教师在德育过程中能够清醒地知道自己究竟想要什么以及应该要带给学生什么东西，并且明确这种教育愿望的合理性与道德性。

四、 教师在德育过程中的精神发展

德育的精神性追求不仅强调德育过程中学生的心灵发育，同样也关注教师的精神发展，这是德育对于教师自身的意义。具有德育意识的教师往往能够在德育过程中体认到自身内在精神层面的改变，感受到面对学生时自身不断经历着的"预设""偏见""恐惧""敏感""清醒""期待"等，这是一个循环往复、逐渐上升的心灵旅程，且常常伴随着的是教师个体内隐经验的不断表达、扩展、调整和积淀。同时，教师也正是在这一过程中不断获得自身内在的精神力量，逐渐坚定自身的德育信念和精神追求。

（一）"预设"与"偏见"——德育中的误识

正如前文对德育的内隐性探讨所指出的，教师与学生个体的内隐经验是德育的起点，教师首先需要从自身已有的道德和德育经验来认识当下的学生、筹划即刻的德育活动，"个体经验是教师用以说明自己个性以及与他人不同之处的依据，也是教师参

与教育情境、判断教学活动的依据"，教师的内隐经验标示着个体自身的"一种生命性、历史性和境遇性的存在"①。因此，这里基于教师已有经验所谓的"预设"与"偏见"并无贬斥之意，而是用以说明德育过程中存在的一种教师的主观认识（或期待）与学生的真实状况不相符合甚至相背离的情况，以及在这种情况下教师的内在精神样态。

从教师的预设看，布迪厄认为它出于教师按照经验办事的"习性"（habitus）。教师在日常生活中的德育行为往往是依照一种合情合理的策略展开，"这种策略既不是对外部环境的机械反应，也不是某种理性的盘算、自由的筹划，而是个体在特定的生活与实践环境中逐渐形成的"②。这种日常性的符合情理策略的行为构成教师在德育生活中的一种习性，它不仅制约教师即刻的德育行为，而且预示着教师在随后的德育活动中可能采取的行为方式。因此，教师的预设是一种相对模糊的、整体性的经验指向。教师在这种经验指向中往往容易生长出偏见，即教师基于预设对具体德育事件以及学生所作出的一种明确的经验认识或判断，它其实是预设的明晰和具体化。由于教师在德育过程中对学生做出的（最初）判断是基于自身的认识经验而不是学生的个体经验，这种判断往往容易造成对学生的误识，即使它可能（部分地）符合学生的真实情形，但在本质上它仍是一种贴标签似的认识或者说是一厢情愿的判断。所以，"当教师的个体经验遭到拒绝、否定或贬低时，他们往往会认为，'被拒绝的实际上是他们自己'"③。还应当承认，教师在德育起点的预设与偏见是在所难免的，它们是教师内在精神发展难以逾越的阶段，而教师更多的是在遭遇学生的"拒绝"之后展开自我反省的过程中觉察和意识到这一点，进而在调整德育方式、师生关系等的同时不断调整自身经验。以下是两位教师在教育反思日志中对自身预设与偏见的认识——

教师一：

"一年多过去了，想起2006年高考前三个月的时候，那个两年多以来一直优秀而且个性突出的班级却一度让我郁闷、束手无策的情景，我至今仍心中惶恐。因为一直

① 王帅，方红. 教师个体经验价值辩正与实践突破 [J]. 全球教育展望，2011 (4)：48-54.
② 王帅，方红. 教师个体经验价值辩正与实践突破 [J]. 全球教育展望，2011 (4)：48-54.
③ 王帅，方红. 教师个体经验价值辩正与实践突破 [J]. 全球教育展望，2011 (4)：48-54.

以来我得意于自己已有十几年的班主任工作经历，得意于自己丰富的经验，以致不自觉地用上一届的或者去年的方法来管理当下的班级，'老到'而自负地处理当下的问题。于是，我几乎用重复的句式和内容，给全班三十多名学生家长发出几乎同样辞令的通知书以及'一刀切'地处理班级事务，往往还自认为是干净利落……有一天，终于迎来了当头一棒……"[1]

教师二：

"学校安排我担任一年级的数学老师。根据三年前我在小学工作两年的经验，我接触过的六七岁的孩子大多天真可爱，虽然有些调皮，但容易被吸引。我想我会尽力让学生喜欢上我，进而听我的话，'亲其师，信其道'，我对即将来临的教学充满了信心和期待！……我迫不及待地走进了教室，但是眼前的景象让我惊呆了：班上一位女孩盈不服从班主任的座位安排，霸占住自己想要的位置，而且挥舞着拳头打邻近的同学，还把别人的书包扔了出去……这是什么样的孩子啊！……她扰乱了我的教学计划，我甚至在想，这个班如果没有盈，该多好啊！……当我这样理解盈内心的恐惧时，我为当初自己对盈的怨恨和排斥惭愧，更多地意识到了自己需要敞开心扉接纳各种各样的学生，而不能用自己头脑中固有的意识来衡量学生。"[2]

(二)"恐惧"与"敏感"——内心的冲突

当教师的预设与偏见遭受质疑或拒绝时，其主观偏见中容易滋长出一种内在的恐惧。需要说明，这里所谓教师的"恐惧"并不直接表现也不完全等同于教师在情绪心理学意义上的恐惧情绪，而是指教师在德育过程中遭遇冲突时内在精神层面的一种弥散性的整体存在样态，它包含着由惊诧、愤怒、恐惧等多种负面情绪相复合、转化的复杂体验。从教师内在的情绪情感体验看，当教师遭遇超出预设之外的情形时就会导致一定程度的惊诧感，偏见作为对预设的明确和具体解释试图调和、平复这种惊诧，但学生表现出的对教师预设和偏见的质疑或拒绝，又更大强度重新唤醒这种惊诧。情

① 吴国珍，等. 心灵的觉醒：理解教师叙事探究［M］. 北京：北京师范大学出版社，2010：101.
② 吴国珍，等. 心灵的觉醒：理解教师叙事探究［M］. 北京：北京师范大学出版社，2010：121-125.

绪心理学的研究表明，惊诧发生于"突然而强烈的刺激作用之下，停留的时间很短"；当惊诧发生时，"神经活动产生较大的强度变化，在一瞬间使整个有机体转向并指向刺激来源，这时，脑内出现极强的兴奋点，抑制正在进行的其他活动"，其他思维内容或过程不能与惊诧同时存在，但这不会维持长久，"如果这时的刺激足以使有机体继续对它维持注意"，惊诧就可能转化为其他正面或负面的情绪①。对于教师来说，引起惊诧的刺激源主要是学生的态度和表现，在遭遇质疑或拒绝的情况下，教师的惊诧容易转化为负面的愤怒情绪——

"当我的学生拒绝与我共舞时，我的优点就变成弱点了。我变得愤怒，尽管我能控制住自己，没让这种情绪一股脑都爆发出来。我对他们的不配合心怀怨恨，而且开始踏这些不情愿的舞伴的脚趾，偶尔还会踢到他们的脚踝。我很快变得封闭、不信任和绝望，仅仅因为他们拒绝了我的才能。"②

在德育生活中，由于教师个体间的角色意识不同，一些角色意识较弱的教师对于内在的愤怒可能会不顾情境地即刻表达出来，而一些角色意识较强的教师则可能较好地控制自己的情绪并不即刻地、敞开地表达出来，但当教师角色的外部约制或影响因素弱化时，这些教师对于内在愤怒也会有不同程度的情绪表达③。对于教师的愤怒及其表达，表面上看是教师对学生施加的一种强有力的压制，但其背后所隐含的是教师内心的一种恐惧，"人类内心最深处的恐惧之一——恐惧和异己的'他者'直接相对，不管'他者'是学生、同事、学科，还是一种内心自我矛盾的声音"④。教师的这种恐惧可能有个体化的复杂多样的内容，但它最初源自与学生交往的无力感。教师难以使学生按照自己的预设来展开已经筹划好的德育活动，这使他在与学生的交往中获得一种无力感、无能感，正是这种无能为力的感受引起内在的恐惧。对此，前文的教师二在反思日志中继续写道——

① 孟昭兰. 情绪心理学 [M]. 北京：北京大学出版社，2005：139.
② 帕尔默. 教学勇气：漫步教师心灵 [M]. 吴国珍，等译. 上海：华东师范大学出版社，2005：74.
③ 前文关于教师面具意识的讨论已涉及这个问题。
④ 帕尔默. 教学勇气：漫步教师心灵 [M]. 吴国珍，等译. 上海：华东师范大学出版社，2005：38-39.

"对盈内心恐惧的理解带来的转机，启发我进一步反思：之所以一开始不能贴近盈的真情实感，不能理解到攻击性很强的六岁女孩的内心实际承受的巨大恐惧，其中更深的原因是我自己内心恐惧盈的挑战。……我对盈一开始的排斥可以说是源自内心的一种恐惧，我害怕盈扰乱我的课堂，而我对她束手无策，我不敢面对如此'无能'的自己。"①

由于学生在教师面前是相对弱势的，教师便可能以一种强有力的愤怒表达来遮掩自身内在的恐惧。这种遮掩其实是教师自觉或不自觉地想通过逃避来解决问题，它不仅有违德育自身的道德性，而且在更多时候使问题变得更糟糕。如帕尔默所言，教师的恐惧意味着一种内在"分离"的状态，意味着教师自我认同与自身完整遭受破坏，同时使教师与自身、学生以及德育内容等相分离，"当我们否认自己的状态的时候，我们就会抵制在别人身上看见的任何东西"②。最终选择逃避恐惧的教师，只是试图对恐惧本身视而不见，这是从恐惧中生长出的冷漠态度，它不仅使教师冷淡了学生、道德和德育，而且最终也冷淡了自己，从而使得内在的"分离"不可调和。另一些教师可能会做出更为积极的选择，自身的恐惧可能引起他们的反思——"一个人自身认同的反思，这种反思在我们敏感、脆弱的时候总是袭上心头"，他们寻找恐惧的根源，试图从根本上解决问题，"只有当我们愿意更深入地反省那些易使我们受伤害的动态过程，我们才会对自己的身份有深刻的认识"③。这样的教师能够从自身的恐惧中生长出对自我的敏感。当教师开始敏感于自我认同与自身完整，他就可能在寻找问题的过程中将敏感转向自身与学生的关系，从而进一步将敏感转向学生内在的情感和道德体验。从这个意义上看，"敏感"勾连起了教师由于恐惧所导致的多层面的内在分离，它开始了对内在恐惧的一种自我治愈；而伴随着这种敏感，恐惧对于教师自身的精神发展才可能具有现实积极的意义，它使教师从内在冲突走向清醒和期待。

① 吴国珍，等. 心灵的觉醒：理解教师叙事探究 [M]. 北京：北京师范大学出版社，2010：125.
② 帕尔默. 教学勇气：漫步教师心灵 [M]. 吴国珍，等译. 上海：华东师范大学出版社，2005：47.
③ 帕尔默. 教学勇气：漫步教师心灵 [M]. 吴国珍，等译. 上海：华东师范大学出版社，2005：73.

（三）"清醒"与"期待"——直面自我，收获希望

当教师从内在的恐惧走向自身的清醒，就意味着他超越了内在的分离，回到完整的、本真的自我，教师的内心深层得以敞开。因此，教师的"清醒"与"期待"，是他们在德育过程中的精神发展经历了预设、偏见、恐惧、敏感之后的一种内在状态，是他们精神发展的否定之否定的阶段。具体来说，教师的清醒是以其敏感为基础的，清醒的教师一定是具有道德敏感性和德育意识的教师，因此所谓"清醒"，不仅是指教师在日常生活中保持道德的自我清醒，还包括教师对师生关系、学生个体、德育内容以及德育活动展开的清醒认识，即前文所说的教师能够确定自己究竟想要通过德育带给学生什么东西。教师只有是真正清醒的，他才可能在德育过程中对学生抱有真实的、明确的期待。应当强调，尽管教师的"期待"与"预设"都基于自身的内隐经验，但二者有着本质上的区别。第一，期待出于教师在具体德育情境中的已调整的经验，它建立在教师对自身、学生、道德和德育及其诸多关系的自觉与反思的基础上，包含着一种明确的、清晰的、具体的认识；而预设则往往是不自觉的、不具体的、模糊的。第二，期待的对象包括学生和教师自身，它不仅是对学生的可能发展的积极关注，而且包含着教师对深层自我的敏感；而预设的对象主要限于学生，教师在预设中难以反观自身。第三，期待在教师的精神时空中是指向未来的，它基于"习性"的开展特质①并且体现着精神自身的开放，包含着教师对自身的可能存在和学生的可能发展的希望；而预设则是指向过去的，它局限于过去的经验因而是封闭的，是对学生和德育基于"习性"既成结构的一种模式化了的认识。

可以认为，教师的"清醒"包含着德育的自觉性，而教师的"期待"则直接指向德育的超越性。"当清醒着的教师为学生提供规范或者得出道德评价的时候，他们必须把自己放在一个具体的、相对的、可以被质疑的位置。当他们从自己的眼睛里去看这个他们和别人共同生活在其中的现实时，他们必须相信每个人都具有克服无助和平庸的潜力。"② 教师在期待中向学生由内而外地敞开心扉并表达出真实的信任，同时教师在这种（对学生的）信任中发现自己，这是对生命本真和精神可能的根本的信

---

① 布迪厄语，布迪厄强调"习性"具有"既成"与"开展"的特质，其中"既成"是指经验的既成结构，而"开展"则是指经验自身不断地进行"内在外在化"与"外在内在化"的调整。
② 格林."清醒"和道德地生活 [J]. 中国德育，2010（1）：32-37.

任，它使得"我-你"型的师生关系成为可能。2008 年，美国的动画大片"*Kung Fu Panda*"（中译名《功夫熊猫》）在中国掀起一阵狂热，从某种意义上说，它正好讲述了一个体现着德育的精神性含义的故事。在这个故事中，浣熊师父与熊猫阿宝之间的师生关系是从矛盾冲突走向和谐融洽的，师生最后获得自身内心的平静（inner peace），人们可以随着故事情节的展开窥见这对师生各自内在精神成长的整个过程。那么，究竟是什么原因使得这种师生关系以及关系的双方得以积极改变呢？从教师个体看就是信任与反思，故事中乌龟与浣熊之间有一段值得回味的教育对话——

浣熊：那只熊猫？它不是神龙大侠。它根本不该在这儿，不过是巧合罢了。

乌龟：我的老友，除非你放弃"以为自己能操作命运"的假象，否则那只熊猫永远无法完成自己的使命，也无法完成你的使命。

浣熊：假象？

乌龟：就像这棵桃树，我不能要它开花它就开花，也不能让它在非时节结果。

浣熊：但有些事还是可以操控的，我可以随时让果子掉下来，也可以决定何时播种，这可不是假象。

乌龟：的确，但不论你怎么做……这种子都会长成一棵桃树，你可以寄希望结出苹果或橘子，但终究得到的是桃子。

浣熊：可桃子不能打败大龙。

乌龟：或许可能呢，只要你悉心指引、培育，相信它。

浣熊：但是，怎么做？怎么做？我需要你的帮助。

乌龟：不，你只需要真心去相信。答应我，你会相信。

浣熊：我，会去尝试。

乌龟：必须去相信……

正如乌龟对浣熊所说的"你只需要真心去相信""必须去相信"，在这个故事里，德育其实就在功夫修炼之中，"根本没有什么秘招"，所谓的秘诀其实就是"看到自己"①。对教师而言，内在的力量来自这种敞开内心对学生的根本信任，这种信任使得他自然地、倾心地去寻找学生身上所隐藏着的各种成长的可能，而不是一味外在地对学生指手画脚。浣熊正是在这种信任的过程中发现了熊猫的功夫天分并尝试用适合它的特殊方式训练它。当然，从一个简化的故事略带抽象地谈信任与反思似乎是相对容易和明确的，而当教师需要面对学生群体中的每一个彼此联系又相互独立的具有独特个性的学生时，这种信任的给予往往会遭遇错综复杂的困扰或纠结，它可能变得不那么清晰可辨，因而也不容易被教师清醒地坚持。所以，教师对学生的期待与信任并不能仅仅停留于教育的观念层面，而是需要在现实的、连续而具体的德育事件中给予极大的耐心、胸怀和努力，这种努力是一种自我超越，它不仅是超越教师所面临的客观困境，更是超越教师主体自我的局限，教师在这个过程中同时完成了对学生和对自身的德育。

第二节　学生生活视域下德育的精神追求

德育的精神追求最终是要在学生个体身上实现道德的心灵深度与理想高度的统一与完整，它必然要关注学生内在的道德发展状况和精神存在样态。对此，教师更多的是基于自身不断的经验反思来认识和理解学生在德育过程中的行为表现，通过与学生的沟通和交流来感受学生的内在状态。那么，学生是如何感受自身的生命存在的？如何认识和理解他们在德育过程中所面对的道德、教师以及德育本身？学生对这些问题的回答往往包含着自身更为深刻的、具有持续性影响的内在体验，而这些问题的答案则表征着德育对于学生个体的真实具体的意义。因此，德育的精神性追求内在地要求它要站在学生的立场，从学生的视域认识自身存在的问题并在此基础上探寻自身的可能路径。

---

① 阿宝在打开"神龙天书"的时候，里面一个字都没有写，只看到倒映着的自己的脸。

一、 学生在德育生活中的精神困境及反思

（一）"我想"与"你是"：遭遇成人的眼光

诺丁斯曾在关心伦理的阐释中强调关心关系是第一位的，这不同于首先将关心视为关心者拥有的美德，在后一种观念中，关心者往往自认为了解被关心者的需要而忽略他们真正的心声。应当指出，这一强调在德育中有其现实的针对性，它至少揭示了学生在德育生活中正遭遇一种精神困境。在一些现实的德育事件中，学生原本单纯的愿望往往容易遭遇成人（教师）相对复杂的社会化的（道德）价值判断，正如前文所言，这是教师基于自身经验的预设和偏见，它体现一种区别于学生自身的成人的眼光。对此，一个有趣的实例可以带来更为直观的认识——

"王军的儿子五岁。在幼儿园洗手，被另一个男生挤到一边。小娃娃没作声，等在边上。老师看见了，批评那男生：'你怎么回事？'那男生说：'不是我挤他，是他挤我。'小娃娃还是没作声。老师怕小孩儿心里不舒服，把这事儿给王军说了。回来的路上，王军对儿子说：'别人要挤你，你别当回事儿。'娃娃说：'我没觉得他要挤我，他只是特别想在那个龙头那儿洗手'。"①

具体来说，学生个体所表现出来的一些教师所谓不好的、恶的或不道德的行为，并不一定都具有内在的持续性或必然性，它有可能是在某一具体情境中出于内在的某种真切的欲望（即"我想"）所导致的偶然行为。这里主要包含两种可能：一种可能是这种"我想"受学生个体成长经历和生活经验的限制而显得比较狭隘或偏激，从而造成了某种学生尚未意识到的不道德的后果；另一种可能是，学生意识到行为是不道德的，但由于"我想"的力量过于强大而使得学生难以依靠理智控制自己的行为。无论是哪种可能的行为，学生内在的动机只是"我想"，他们专注于自身真正感兴趣或想要的东西，而并不注意在此之外的其他事情，但正是这些不被注意的其他影响了行

———————————

① 引用自柴静的《娃娃（二）》。

为后果。在这种情况下，学生的行为动机与行为结果并不一致；但这种"我想"往往容易导致教师仅仅基于行为后果的道德判断即"你是"，现实德育生活中所谓的"问题学生"更多的是由这种成人的眼光将某些问题强加给学生造成的。一个习以为常的例子是，如果某个学生在考试过程中有抄袭或夹带的行为，教师会指出这个学生作弊并认为"你是在欺骗"；从德育的角度看，教师可能会基于公平原则对学生的考卷做零分处理，并且可能会按照学校相关行为规范的要求对学生进行相应的批评教育。应当承认，教师的确指出了一个事实即学生的作弊行为，这种行为如果发生在成人生活的类似情境（比如菜贩缺斤少两），它确实是一种欺骗；但对于学生而言，这种行为本身并不一定具有直接的道德含义。事实上，一些学生最初作弊更多的是出于对分数的追求（"我想考得好一点"）而不是对欺骗的追求（甚至与欺骗无关），所谓的欺骗是成人世界的经验判断强加于学生的认识；这种强加的德育使学生将欺骗的价值判断与作弊行为外在地（而不是内在地）关联起来，但他内心所想追求的仍然是分数而不是其他，他内在的道德价值链条仍然链接在分数的意义上（比如考得不好可能带来的师生、生生、亲子等一系列关系问题）。从学生个体的角度看，这种德育不仅是未完成的，而且还可能导致长期的负面情绪和道德价值的混淆，对此，真正有效的德育并不是将"你是"强加于学生并停留于"你是"的训育，而应当关注学生的"我想"以及挖掘其背后的意义链条①，德育也应在这个意义上强调教师对学生的宽容与倾听和基于理解的价值引导。

（二）教材与生活：无可回避的差距

在成人的眼光之外，学生在德育生活中还有一个较为凸显的精神困境，即他们无可回避地要面对课堂和教材所呈现的道德生活与自身的现实生活之间的差距。一直以来，这种差距被认为是导致学校德育所谓的实效性问题、"5＋2≤0"问题等的一个重要原因。新一轮基础教育课程改革倡导"回归生活"的德育理念，也正是在一定程度上对这种差距的关注和积极回应，它要求品德课教学要回到学生的现实生活展开，要

---

① 这其实还关涉德育中的事实与价值的基本问题，即德育更多的是要立于道德原则揭发不道德的事实，还是要立于教育原则致力道德发展的价值追求？

注重教材与学生生活世界的关联。尽管如此，一项针对学校德育问题展开的全国调研仍然发现被访学生中"有三分之一的学生认为思想品德（政治）课上讲的内容与自己的生活没有多大的关系"①；此外，当前一部分思想品德课教师也仍旧困惑于"品德教育对现在的学生似乎没有多大说服力""学生不大相信课本上讲的东西"等，他们认为学生在社会生活中受到金钱主义、功利主义、享乐主义等的影响已经变得"越来越麻木和势利"②。应当承认，教材与生活间的差距确是当前中小学生个体道德发展所面临的一个真实、迫切的问题，它亟须从德育理论与实践层面展开辩证的、深入的反思和探讨。

从这种差距本身对于学生的影响或意义而言，德育应当看到并承认它所隐含的悖论。反观上述现实可以发现一个有趣的现象，即学生自身所面对的这种差距使教师感到"恐惧"，主要是因为它可能弱化德育的说服力进而导致德育的低效；当教师有这种感受的时候，似乎隐含着一种潜意识即学生不应该不相信教材里的内容，可能有的教师甚至还希望学生将课堂、教材上的内容视为金科玉律，这种情况下，教师在德育过程中面对学生时将遭遇更少的质疑或阻力。如果是这样，那么下面一个问题就值得思考：教师是否完全相信教材的内容？如果教师自己都不能信服又怎么能够要求学生信服？这里还有必要追问一个问题：教材的内容是否就一定要被绝对地信服？反过来说，如果学生对教材、课本绝对服从和信任，又可能导致什么样的教育后果？回答这个问题并不太困难，一个学生在美国课堂上发生的趣事可以带来一些启示——当教师问水的沸点是多少时，学生很肯定地说是 100 摄氏度，教师又反过来问："你有什么依据吗？"学生表示这就是标准答案。随后，教师要求学生做完实验后再得出结论，学生立即拿烧杯烧水，水开后拿温度计测量果然不是 100 摄氏度，这位学生很惊讶美国学生不相信课本，也不相信标准答案③。这件事所隐含的教育反思同样适用于思想品德课堂。从学生的角度看，思想品德课堂和教材主要倡导一些基本的道德价值观念，它要呈现人们对道德的理想追求因而必然具有一定的道德精神高度和理想性。过

---

① 檀传宝，等. 问题与出路——若干德育问题的调查与专题研究 [M]. 杭州：浙江教育出版社，2009：27.

② 选摘自"国培计划（2011）"义务教育骨干教师远程培训网络交流平台上一线教师的在线讨论。

③ 吴宽林. 第一次敬佩美国学生 [N]. 羊城晚报，2009-12-22（B06）.

去，由于社会信息相对封闭，这种呈现往往屏蔽了一些现实的、复杂的社会问题，从而使得德育趋于简单化。这种情况下，教材在学生面前很容易被作为一种德育的话语权威，教师则成为它的代言人，学生的道德学习则成为一种单独的、日常生活之外的活动，但是当他们进入社会生活并且意识到课本与现实的差距时，他们往往又在生活中自发地、零散地展开新的经验学习。可以认为，漠视甚至否认这种差距最终导致了教材与生活在学生道德学习中"两张皮"的替换——

　　"作为孩子，我从小受到的教育是，对的就是对的，错的就是错的。道德是黑白分明的，没有中间色。但是当我长大成人，进入社会，发现事情并不总是这样非黑即白，选择往往是复杂的。有时两种价值都是重要的，它们相互竞争，你很难决定遵从哪一个、放弃哪一个。有时墨守成规的道德与同情心是冲突的，与那些处于痛苦中、极度需要仁慈而不是判决的人的需要是冲突的。有时当对一个'罪人'投掷石块，我知道自己并不比他好多少。"①

　　但现在，随着社会信息化和大众传媒的发展，教材、课本不再是学生获取知识和信息的唯一渠道，教师也难以对学生屏蔽社会问题，教材与生活的差距可能即时地、直接地被披露在课堂上，被揭示于学生的道德学习过程中。面对学生所面临的这种差距，学校德育已经不是如何回避而是如何面对的问题。对此应当指出，德育原本就不应该回避它，从某种程度上说，它其实表征着道德理想追求与道德现实生活之间的差距，隐含着人关于理想与现实的困惑，人的道德生活正是要不断地探问这种困惑，它不仅存在于成人的生活世界，同样应当存在于学生的生活世界。因此，问题的关键并不是教材与生活之间应不应当有差距，而在于这种差距里是不是含有理想与现实之间的张力。如果差距太大，教材与生活完全是"两张皮"，那么教材与生活之间就难以形成学生个体道德发展的内在张力；相反，如果差距太小甚至几乎没有差距，那么它给学生带来的则是扁平的精神世界，也难以形成张力。相对于教材的设计与编制，这种张力

---

① 艾尔金斯. 超越宗教：在传统宗教之外构建个人精神生活 [M]. 顾肃，杨晓明，王文娟，译. 上海：上海人民出版社，2007：56.

的呈现和调整更在于教师对教材的把握以及在此基础上的拓展性、创造性使用。

二、 学生在德育生活中的 "心眼"

如前文所述，学生的内隐经验与教师的内隐经验共同构成德育真正的起点，学生并不是以什么都不知道、都不懂的状态参与到德育中来，相反，他们在德育生活中总是带着"心眼"的。所谓"心眼"是指心灵的眼睛，是想要表达学生个体不仅是用眼更是用心在看自身所处的生活世界。在中国文化的传统观念中，心是对人的内在精神层面的一种完整性的表达（这区别于西方狭隘的情感-心理层面），精神即是以人心的知觉灵明为核心的一种整体生命状态，"人之所以为人在其心……心之所以为心在其自觉"①。从某种意义上说，学生的心眼就如同他们内置的测谎仪和过滤网，它对面具、虚假和伪装同其对真相、坦诚和真实一样敏感，它会把真相、坦诚和真实的部分纳入自身的内隐经验中，而将面具、虚假和伪装排除在外。这种敏感就其原初而言是对"真"的敏感而不是对"善"的敏感，换言之，它最初是一种价值中立的敏感。因此，无论教师是否关注和承认学生的这种敏感，它都客观地存在着，学生的内心总是面向生活的某一部分（乃至全部）敞开，如果教师不对这种敞开予以积极的观照和回应，那么总有一些其他的内容会自觉或不自觉地与之发生关联。这就如同一个形象的比喻：学生的心灵就如同一片田地，不育苗就会长草。如果德育不能自觉地观照学生内在的心灵发育和精神成长，那么学生就可能从中遭遇到一些自发的、离散的、没有方向（甚至是反方向）的价值影响，比如学生"可能从教育对自己内心世界的漠不关心中习得冷漠，从教育对考试成绩和升学质量的追求中习得急功近利、用脑去竞争，从各种形式化的教育检查中学会虚伪"②。

（一）学生"心眼"中的教师与道德

在德育过程中，学生用"心眼"来认识他们所面对的教师与道德（德育内容），在某种意义上，教师与德育内容具有同一性即教师自身包含着道德的说服力。这种认

---

① 梁漱溟. 人心与人生［M］. 上海：上海人民出版社，2005：64.
② 钟晓琳. 科学化与功利化夹缝中的教育坚持［J］. 读书. 2012（4）：164-167.

识包含着一个"权威—真实—信任"的内在检验与选择过程。从学生的角度看，教师与道德首先是被作为一种尚未获得内在认可的外部权威来认知的。在这个阶段，教师与道德对于学生的意义只停留于学生的认识思维层面，比如"我知道这是我的某某老师，我认识他""今天老师告诉我们，做人应该诚实"等，其作为外部权威标示着一种精神高度上的内容，它需要与学生内在精神的深度相贯通。这就意味着，这种外部的权威需要经过学生"心眼"的检验才可能被选择。心灵的深度中包含着学生个体本真的存在，只有通过存在的真实感才可能触及它，而存在的真实感往往以生活的真实感为前提①。如果学生的"心眼"能够从这种外部权威中看到权威自身的"真实"，那么这种真实就会被学生的内心选择，反之则遭到内心的排斥。对此，不妨具体感受一下学生是如何认识教师的——

"我听一个学生说，她描绘不出好老师是什么样的，因为老师之间的差异实在太大了，各有千秋。但是她可以向我描述不好的老师都是什么样，因为不好的老师都是一个样：'他们说的话在他们面前漂浮着，就像卡通书中气泡框里的话一样。'"②

对于学生而言，"像卡通书中气泡框里的话一样"的话是漂浮着的，它们缺乏内在的稳定性和持续性。不仅如此，"教师态度以及行为上的波动性以及不连续性，学生是很容易看得出来的。学生会对教师的教学特点和教学态度加以评判：教师是否愿意去倾听学生的心声，是否愿意去以关爱和同情之心来回应学生的要求，是否愿意与学生一起讨论，是否愿意向学生传授学习的经验以及教导学生该如何去学习，还有是否愿意和学生一起解决问题等"③。可以认为，教师与道德自身的真实是学生在道德学习过程中由外在理想高度通向内在心灵深度的桥梁，如果学生在这种真实中能够用心看到自身存在的真实，那么他们的"心眼"就看到了内在的信任。在这种信任中，教师、道德（德育内容）与学生自身的真实获得同一，它生成了个体内在的道德信

---

① 前文已有论述（见第四章），在此不再赘述。
② 帕尔默. 教学勇气：漫步教师心灵［M］. 吴国珍，等译. 上海：华东师范大学出版社，2005：11.
③ 泰勒. 价值观教育与教育中的价值观［M］. 杨韶刚，万明，编译 // 鲁洁，朱小蔓. 道德教育论丛：第 2 卷. 南京：南京师范大学出版社，2002：367.

念；而这种信任本身则意味着学生内在精神层面的理想高度与心灵深度的统一与贯通。

（二）学生"心眼"中的德育

通过对教师与道德的认识，如果学生的"心眼"能够看到自身的信任，获得内在的道德信念，那么，他们的"心眼"所具有的敏感就不再仅仅是对于"真"的敏感，还包含着对于"善"的敏感。其实，在这种情况下，所谓学生在德育中的主体性、主动性、创造性等才可能真正得以发挥，学生才可能运用自己的"心眼"来自觉和反思德育乃至教育活动本身，并且可能在这种自觉与反思中不断获得一种道德的自我确证，从而不断促进自身主体道德精神的发展。一位教师曾在教学日记里记录了学生在学习《谁的本领大》这篇课文时的德育自觉与反思，从中可以感受到学生的"心眼"具有多么敏锐的（道德）视力——

"这篇课文原本是要告诉孩子们，每个人都有自己的长处和本领，我们要正确地认识自己和看待别人。……不过，到课堂结束时，就太阳和风本身的本领，到底谁大谁小，听听孩子们怎么说：邵同学说风的本领大，因为风能把船推动得像箭一样快，而太阳只不过脱了一个小孩子的衣服；有不少孩子则坚持认为太阳的本领大，因为整个地球都离不开太阳，太阳的本领太大啦！怎么说呢，把风和太阳的本领进行比较，感觉本身就是个伪命题，两者并没有完全的可比性，从严格意义上讲，本来风的形成在很大程度上与太阳也是有关系的。我很高兴孩子们能保持自己独立的思想。既然一篇课文的观点不能让孩子们很好地接受，似乎说明课本本身是有漏洞的。那么漏洞在哪里呢？

课间的时候，肖同学和邵同学都跑来告诉我，他们在预习的时候发现了这个故事是根据伊索寓言中的《北风与太阳》改过来的。好，那么让我们一起看看《北风和太阳》吧，故事很简单：北风与太阳举行一场比赛决定谁的力量比较强，能让路过的旅人脱下斗篷。北风越是用力吹，旅人就把自己包得越紧。然而，当太阳温暖地照耀时，旅人因为热而不得不脱下斗篷。故事完整的寓意是'仁慈、温和与说服胜过强迫'。

伊索的本意并不是要简单地比本领，然后得出每个人都有长处的道理，而是要告诉我们一种处理事情的方法。而我们的课文却改换成了另一种看似很有趣的哲理来教育孩子。……用这个改编得并不严密的故事来将哲理强加给学生，便很有碰壁的可能了。果然，孩子们并不受此忽悠，就算课文学完了，还是并不'买账'。"①

三、 学生在德育过程中的精神成长

基于已有的个体经验，学生在德育中的精神成长过程同时也是他们个体道德经验不断从隐性转向显性，不断丰富、扩展、积累、调整和重组的过程。在这个过程中，学生在已有的经验基础上形成关于外部世界的某种"注意"，并经历了"表达""分享""体验""反思"等几个相互交合的环节。对此，德育需要主动地介入学生内隐的生活经验，有意识地引导学生在这几个环节中展开道德学习，从而使学生在自身道德经验不断内化与外化的循环往复的过程中实现自身主体道德精神的发展。

（一）基于个体生活经验的"注意"

一般而言，"注意"在心理学意义上是指人的心理活动对某个确定对象的指向和集中，它伴随着人的多种心理过程。这里所谓的注意不仅包含了其心理学的意义而且比它更为宽泛，它存在于学生的内在精神层面，与个体的生活经验相关联。在学生的道德学习中，注意可以被视为是学生已有道德经验的一种最基本的价值表达，即注意的对象是那些在个体内在道德经验中呈现出重要性的内容。"我们对现实事物的享受是价值（善或恶）的一种实现。它是一种价值经验。它的最基本的表达是——注意，这里有要紧的东西！……意识最初的闪光里就发现有某种重要的东西。"② 但是，这种注意往往又是模糊的、不清楚的，是学生出于已有道德经验预先作出的某种隐约的假定。"这种经验引起了朦胧的甚至是下意识的注意。在'某种重要的东西'中，注意产生了三重特征。整体性、外在性和内在性是'重要的东西'的基本特征。"③ 因此，对于学生个体的道德学习而言，"注意"意味着基于经验自身"重要性"的某种"选择"，这种选择具有内外的整体性，它不仅指向学生外在的认识对象，同时也指向

---

① 资料来自江苏省如东县刘晓军老师的教学日记。
② 怀特海. 思维方式［M］. 刘放桐，译. 北京：商务印书馆，2004：104.
③ 怀特海. 思维方式［M］. 刘放桐，译. 北京：商务印书馆，2004：104.

学生已有的内隐经验。

　　这意味着，德育要引发学生的"注意"首先需要承认、关注并且主动介入他们已有的内隐经验。这远不同于那种由教师单方面设计的某种感性直观的吸引，后者只是为了让学生注意教师以及教师所呈现的内容，并不关心学生是否对自身持有的注意，可以认为这种做法不是在引发而是在"索取"学生的注意。与之不同的是，真正的引发是教师首先要"给予"自身的注意，因为在此之前教师并不必然地存在于学生的重要性的经验中，这种给予就是一种主动的、具有个体针对性的介入和干预学生的内隐经验。教师在这个过程中获得一种重要性，并且这种重要性中包含着学生自身的重要性①，他因而可能在随后的德育过程中引导学生将内隐经验显性化，与学生展开深层的经验交流。

（二）"表达"与"分享"——道德经验的交流与扩展

　　学生自身的内隐经验要从模糊的注意转变为清晰的认识需要一个显性化的过程，它首先需要通过表达加以外化。从某种意义上说，经验表达是学生个体道德精神成长的内在需求，心理学的研究发现，一个人在他生命成长的历程中，只要经历过或体验过的事情，特别是使他的内心发生过"震荡"的事，他就有将其表达出来的愿望，并且处在各种可能的解释、说明以及观照自己的空间中。如果他的这种需要得以满足，不仅能够获得积极的情感体验，而且有助于消除负向情绪情感，形成积极的情绪情感②。在表达的过程中，学生可能获得更多安全感并且更愿意去敞开内心，他可能从这种内在的敞开中去更深入地感受自我以及自我表达的经验内容，从而完成自我的交流。正如怀特海所说，"表达是散播在环境中的感受的材料……感受或领悟（prehension）是对表达的接受……身体是由相互表达和感受的实有所构成的"③。同时，学生与学生、学生与教师之间的经验表达与交流不仅使个体获得对自身的感受和认识，而且可能获得对对方、彼此以及群体关系的感受和认识。这些感受本身表示着学生个体的一种道德生命样态——

---

① 前文已有论述（见第四章），在此不再赘述。
② 朱小蔓. 情感德育论 ［M］. 北京：人民教育出版社，2005：249.
③ 怀特海. 思维方式 ［M］. 刘放桐，译. 北京：商务印书馆，2004：23.

"昨天带孩子们学习《识字5》，一篇进行国防启蒙教育的识字课文……

课堂从检查预习开始，然后对一些不理解的词语提出质疑。后来有孩子就提到了'海疆'一词。什么是海疆呢？有孩子说就是一个国家的领海。于是，我在黑板上大体画了一个地图……告诉孩子们，线这边的海洋就是我们中国的海疆，那边是日本的海疆。海疆是一个国家不可侵犯的领土，其他国家的船只是不能随便进入的。就在这时，徐同学站起来说，他知道中国和日本之间还有一个没有解决好的海疆问题，那就是钓鱼岛问题。哈，想不到一个二年级的小朋友竟然知道这件事……于是，我给孩子们简单地讲了关于钓鱼岛的问题……我对孩子们说，就在昨天，我还看到新闻说，日本政府想把钓鱼岛旁边的小岛登记为他们的国有财产。我们国家的外交部还提出了严正的抗议。哪知道这时邵同学又举手说，不仅是在东海，我们国家的南海也有这样的问题，比如南沙群岛。她看到新闻里面说，菲律宾的总统还到南沙群岛中的一个小岛上去升国旗、宣誓主权。于是，我又把话题转到了南海，当然同样告诉孩子们，南海上的岛屿也都是我们中国的领土。但是现在却有很多小岛被越南、菲律宾这样的国家侵占着。这时候，沈同学大声说：'那为什么我们不和他们打仗，把它们抢回来呢？'是啊，为什么不打仗呢？我想了一下，说，这个问题其实我也有些糊涂。但是我想，国家与国家之间的领土争端，毕竟不像我们小朋友同桌之间遇到的问题，很容易解决。我的解答显然没能令他满意。'可是，'他继续大声问我，'我们中国不是很强大吗？他们都是小国家，为什么还会来侵犯我们呢？'他一连串的问题像机关枪一样扫向了我。我出汗了……孩子们对此类话题的热情和关注显然出乎我的意料。下了课之后，好些孩子围着我问这问那：

为什么我们国家还和日本那么好呢？

为什么还有好多人去日本旅游呢？

我妈公司的老板就是日本人，为什么他那么凶呢？

为什么共产党和国民党要打仗，中国人为什么要打中国人呢？

……

呵呵，你还敢小瞧这些孩子吗？"①

_____

① 资料来自江苏省如东县刘晓军老师的教学日记。

与此同时，这种经验表达就意味着一种经验分享，它可能具有"增值"和"放大"的效应，从而使学生的个体经验"1＋1＞2"①——在经验交流与分享的过程中，学生个体已有的生活经验超出个人意义，它被个体及个体以外的其他人所确认、接纳、修正、丰富、扩展。对此，朱小蔓认为应当将学生已有的个体生活经验变成一种德育资源，"在学生身上，积极表达出来的经验是资源，没有说出来的经验也是资源；学生之间分享自身的经验，就可以扩展学生每个个体的资源；一些隐性的经验被表达出来，它就成为直接可用的资源"②。这就意味着，德育应当关注对学生自身资源的开发，教师不但要尊重、给予每个学生自由表达的机会，还要积极地引导他们去感受表达并在这种感受中学会分享和总结。

（三）"体验"中的"反思"——道德经验的调整与重构

如果说学生的表达与分享是个体道德经验的外化过程，那么与之相伴的学生的体验与反思则更多地标示着个体经验在新的层面的内化。相对于其他几个环节而言，体验在当前中小学的德育理论与实践中已有较广泛和深刻的探讨，但一些关于体验的认识还有待进一步澄清和说明。朱小蔓曾区分了两种不同的体验水平即被动体验与主动体验，认为在教育的影响下，人的体验发展水平确实可以从被动走向主动——

"被动体验的特征是，它们与机体需要相联系，是人们对客观-现实当下及时的体验，伴随有情绪唤醒而表现出情动，但主要是生理-心理层面上的变化，体验的水平仅停留在生活表层。这种体验或者转瞬即逝，人对其中的意义是麻木的，并未引起他人与自我关系的联想；或者时有浮现，却没有形成确定的、内容丰富的趋向，对自我的成长并没有更深刻的影响。对于儿童来说，由于他们大脑皮层的认知加工尚不充分，轻度唤醒已经能在脑内留下痕迹，作为早期经验潜入无意识中去，但对于形式思维开始发展甚至充分发展的青少年和成人来说，这一体验水平便不能对情感发展起更

---

① 出自全国教育科学"十一五"规划国家重点课题"社会变革时期青少年思想状况的新情况及对策研究"专题报告：《问题与回应：社会变革时期青少年思想道德价值观教育研究》（暂未发表）。
② 出自全国教育科学"十一五"规划国家重点课题"社会变革时期青少年思想状况的新情况及对策研究"专题报告：《问题与回应：社会变革时期青少年思想道德价值观教育研究》（暂未发表）。

大的作用了。"①

　　学生在德育过程中所获得的体验首先是直观体验，它是一种被动体验，即只能说学生在具体的德育情境中"被感动"了，但这种感动更多的是一种表浅的、即时的体验，它可能转瞬即逝。尽管这种直观体验经过多次重复可能会转化为一种强化体验，但这种近似于机械的强化容易使得它在学生内在的精神时空中处于一种孤立的位置，难以迁移、关联或转化。同时，由于在被动体验中，学生作为观察者仅仅是被动地感受，他们难以在自身的体验中展开反思——不仅是对体验内容的反思，还包括对体验本身的反思，那么这种体验也难以成为一种具有内在深层影响力的、持续性的个体道德经验。相对而言，主动体验强调的不是体验直观而是体验活动本身，它"通过改变主体意识和改变主体的心理世界进行体验活动"，"不在于认清情境的意义或找出潜在的、确有的意义，而在于自己建立意义、产生意义"②。可以认为，主动体验中是包含着学生主体反思的，这种体验中的反思既区别于纯粹的逻辑思维，也区别于纯粹的情绪反应，它整合了情绪感受、知觉注意、认知思维等主体内在精神层面的诸多要素。学生个体道德经验的调整和重组正需要在这种反思中完成。因此，在德育过程中倡导体验，并不是要一味地创设情境、吸引学生的眼球，不是要盲目地调动他们的情绪、点燃他们的热情，也不仅仅是要让学生获得安全感、愉悦感、惬意感等积极的情感体验；更为关键的是要引导学生学会在体验中反思，并且这种反思首先应当具有个体性的教育意义。教师可以提醒甚至牵引学生在体验中进行反思活动，但不能干预学生自我反思的内容（德育实践中这一点往往容易被忽略），因为学生个体道德经验的调整和重组只可能发生在自己建立的意义中。

---

① 朱小蔓. 情感教育论纲［M］. 北京：人民出版社，2008：156.
② 朱小蔓. 情感教育论纲［M］. 北京：人民出版社，2008：152-153.

结　语　探寻可能的德育路径

本书探讨德育的精神性，是基于当前中国学校德育所遭遇的现实困境，以及与此相关联的人们在社会转型中所面临的精神困境与道德危机，致力探寻一条可能的德育路径——它既不失掉德育在人的精神层面的应然追求，同时又可能积极回应现实生活中存在的物质主义、功利主义、价值实用主义、价值相对主义等倾向。真正的改善只能在德育过程中发生，即只有当教师与学生在德育过程中的内在精神样态得到应有的观照，德育才可能是真正积极有效的。这就无法回避人在德育中的内在精神发展和德育的精神性的问题。本书正是出于这种研究动机和意图来引入精神性概念，建构德育的精神性的理论框架。对此应当说明，在哲学层面，精神与精神性往往被理解为与"高度"相关的形而上的概念，它因而是极抽象的甚至近于玄乎的，超脱于人们现实的、具体的、丰富的日常生活；但事实上，谈及精神与精神性并不只有形而上学这一途，因为人是"精神-心理-身体"的存在，这种存在样态包含着精神与人们日常生活的不可分离，人的精神需要在日常生活中表达和呈现，人在生活事件中的直观感受、情绪体验、肢体表达都关联着人内在的精神样态；可以认为，精神与精神性是与人们的日常生活经验相关联的，这种认识在心理学对精神的理解中得到体现。因此，本书中的精神与精神性也不是一个纯粹形而上学的概念，而是指向人的内隐经验，包含了人的完整的内在生命样态。

在此基础上，探讨德育的精神性就关联着德育过程中那些"看不见"的内容。真实的德育过程往往不具有确定性，它被喻为一个无法透视的黑匣子，这使得学者们难以确证德育的发生机制，即德育如何影响学生内在道德生命的变化，促使道德意愿的生成；然而，德育的精神性正是体现在这种内在发生过程中，这就需要探寻那些"看不见"的内容所具有的一切可能的外在表征，并使用一些概念将其在一定程度上呈现出来。本书致力解决德育过程中的内在性问题，将德育的精神性考察置于师生的现实生活中，给予个体精神层面的隐性经验以出场的生活时空，并以较敏锐的直觉去发现那些出场了的"蛛丝马迹"，运用学术的概念话语将其提炼表达出来并建构起一些范畴，从而在一定程度上将德育过程中的精神性现象结构化，以增强理性自觉和把握德育过程的能力。在师生生活中，师生内在的精神样态往往与其自身的生活经验相关联，个体的精神发展更多地体现为自身生活经验的调整和重构，其中包含着德育的可能路径。对此，本书承认并重视德育在师生生活空间层叠和时间观念中所共同遭遇的精神困境，以及师生在各自的生活视域下面临的具体的精神困境，并通过对矛盾与冲突的剖析来寻找困境自身所隐含的精神层面的张力，从中探寻师生精神发展的可能路径以及德育的可能作为。

应当指出，受制于个人的生活阅历、教育理论积淀和实践经验，关于德育的精神性探讨，本书初步厘清概念和理论框架，其中包含的具体论点较多，对于一些内容的论证与分析还停留在比较表浅的层面，有待更为深入细致的分析讨论。比如，本书提出的"现时体认的'真实感'及其德育意蕴""德育应当培养学生的历史感"，以及作为"一种道德对话"的"在场的师生关系"和作为"内在而持续的道德声音"的"不在场的师生关系"等具体命题都还应当结合更为丰富的案例展开更加深入、全面的讨论。同时，在研究方法层面对相关概念范畴的提炼总结还存在一定局限，从而使得运用概念范畴展开的理论分析还不够清透，语言表达也显青涩。本书援引的案例大部分取自间接材料，虽然有个人走访调研的直观感受，但缺乏长期扎根学校的师生生活考察，同时所引案例也还不够丰富，个别案例的解释力有待增强等。这些方面的缺陷与不足，将会在后继更为具体深入的研究中得以关注和完善。

参考文献

著作类：

[1] 巴特罗，费希尔，莱纳. 受教育的脑——神经教育学的诞生［M］. 周加仙，等译. 北京：教育科学出版社，2011.

[2] 茨达齐尔. 教育人类学原理［M］. 李其龙，译. 上海：上海教育出版社，2001.

[3] 胡塞尔. 欧洲科学危机和超验现象学［M］. 张庆熊，译. 上海：上海译文出版社，2005.

[4] 博尔诺夫. 教育人类学［M］. 李其龙，等译. 上海：华东师范大学出版社，1999.

[5] 卡西尔. 人论［M］. 甘阳，译. 上海：上海译文出版社，1985.

[6] 费尔曼. 生命哲学［M］. 李健鸣，译. 北京：华夏出版社，2000.

[7] 黑格尔. 精神现象学：上卷［M］. 贺麟，王玖兴，译. 北京：商务印书馆，1979.

[8] 黑格尔. 精神现象学：下卷［M］. 贺麟，王玖兴，译. 北京：商务印书馆，1979.

[9] 伽达默尔. 真理与方法：上卷［M］. 洪汉鼎，译. 上海：上海译文出版社，2004.

[10] 伽达默尔. 科学时代的理性［M］. 薛华，译. 北京：国际文化出版公司，1988.

[11] 弗洛姆. 健全的社会［M］. 欧阳谦，译. 贵阳：贵州人民出版社，1994.

[12] 雅思贝尔斯. 什么是教育［M］. 王德峰，译. 上海：三联书店，1991.

[13] 雅思贝尔斯. 时代的精神状况［M］. 王德峰，译. 上海：上海译文出版社，1997.

[14] 奥伊肯. 新人生哲学要义［M］. 张源，贾安伦，译. 北京：中国城市出版

社，2002.

［15］弗兰克. 俄国知识人与精神偶像［M］. 徐凤林，译. 上海：学林出版社，1999.

［16］别尔嘉耶夫. 精神与实在［M］. 张百春，译. 北京：中国城市出版社，2002.

［17］莫兰. 复杂性理论与教育问题［M］. 陈一壮，译. 北京：北京大学出版社，2004.

［18］柏拉图. 理想国［M］. 郭斌和，张竹明，译. 北京：商务印书馆，1986.

［19］亚里士多德. 尼各马科伦理学［M］. 苗力田，译. 北京：中国人民大学出版社，2003.

［20］范梅南. 教学机智——教育智慧的意蕴［M］. 李树英，译. 北京：教育科学出版社，2001.

［21］范梅南. 生活体验研究——人文科学视野中的教育学［M］. 宋广文，等译. 北京：教育科学出版社，2003.

［22］艾尔金斯. 超越宗教：在传统宗教之外构建个人精神生活［M］. 顾肃，杨晓明，王文娟，译. 上海：上海人民出版社，2007.

［23］波兹曼. 童年的消逝［M］. 吴燕莛，译. 桂林：广西师范大学出版社，2004.

［24］杜威. 民主主义与教育［M］. 王承绪，译. 北京：人民教育出版社，1990.

［25］怀特海. 思维方式［M］. 刘放桐，译. 北京：商务印书馆，2004.

［26］纳希. 道德领域中的教育［M］. 刘春琼，解光夫，译. 哈尔滨：黑龙江人民出版社，2002.

［27］梅斯勒. 过程-关系哲学——浅释怀特海［M］. 周邦宪，译. 贵阳：贵州人民出版社，2009.

［28］斯莱文. 教育心理学［M］. 姚梅林，等译. 北京：人民邮电出版社，2004.

［29］诺丁斯. 学会关心：教育的另一种模式［M］. 于天龙，译. 北京：教育科学出版社，2011.

［30］帕尔默. 教学勇气：漫步教师心灵［M］. 吴国珍，等译. 上海：华东师范大学出版社，2005.

［31］筑波大学教育学研究会编. 现代教育学基础［M］. 钟启泉，译. 上海：上海教

育出版社，1986.

[32] 大田尧. 把自然还给孩子——关于当代教育问题的思考 [M]. 朱浩东，曾贫，李振溪，译. 北京：商务印书馆，2006.

[33] 黑柳彻子. 窗边的小豆豆 [M]. 赵玉皎，译. 海口：南海出版公司，2003.

[34] 马里延科. 德育过程原理 [M]. 牟正秋，王明辉，译. 北京：人民教育出版社，1985.

[35] 苏霍姆林斯基. 学生的精神世界 [M]. 蔡汀，等编译. 北京：教育科学出版社，2001.

[36] 加塞尔. 什么是哲学 [M]. 商梓书，等译. 北京：商务印书馆，1994.

[37] 亚米契斯. 爱的教育 [M]. 梁海涛，蔡雪萍，译. 上海：上海人民出版社，2005.

[38] 克里希那穆提. 教育就是解放心灵 [M]. 张春城，唐超权，译. 北京：九州出版社，2010.

[39] 休谟. 道德原理探究 [M]. 王淑芹，译. 北京：中国社会科学出版社，1999.

[40] 休谟. 人性论 [M]. 关文运，译. 北京：商务印书馆，2002.

[41] 罗素. 西方哲学史：上卷 [M]. 何兆武，李约瑟，译. 北京：商务印书馆，1963.

[42] 罗素. 西方哲学史：下卷 [M]. 马元德，译. 北京：商务印书馆，1976.

[43] 斯密. 道德情操论 [M]. 蒋自强，钦北愚，等译. 北京：商务印书馆，2006.

[44] 联合国教科文组织国际教育发展委员会. 学会生存——教育世界的今天与明天 [M]. 华东师范大学比较教育研究所，译. 北京：教育科学出版社，1996.

[45] 国际 21 世纪教育委员会. 教育——财富蕴藏其中 [M]. 联合国教科文组织总部中文科，译. 北京：教育科学出版社，1996.

[46] 班华，薛晓阳. 学校道德生活教育模式的探寻与思考 [M]. 镇江：江苏大学出版社，2010.

[47] 曹天予，钟雪萍，廖可斌. 文化与社会转型 [M]. 杭州：浙江大学出版社，2006.

[48] 陈桂生. 中国德育问题 [M]. 福州：福建教育出版社，2006.

［49］陈会昌. 道德发展心理学［M］. 合肥：安徽教育出版社，2004.

［50］樊浩. 道德形而上学体系的精神哲学基础［M］. 北京：中国社会科学出版社，2006.

［51］冯友兰. 新原道：中国哲学之精神［M］. 北京：生活・读书・新知三联书店，2007.

［52］冯友兰. 新原人［M］. 北京：生活・读书・新知三联书店，2007.

［53］冯友兰. 中国哲学史：上［M］. 上海：华东师范大学出版社，2000.

［54］冯友兰. 中国哲学史：下［M］. 上海：华东师范大学出版社，2000.

［55］高德胜. 知性德育及其超越——现代德育困境研究［M］. 北京：教育科学出版社，2003.

［56］高德胜. 生活德育论［M］. 北京：人民出版社，2005.

［57］高觉敷. 西方近代心理学史［M］. 北京：人民教育出版社，2001.

［58］顾明远. 教育大辞典：合编本［M］. 上海：上海教育出版社，1998.

［59］黄济，王策三. 现代教育论［M］. 北京：人民教育出版社，1996.

［60］李菲. 学校德育的意义关怀研究［M］. 北京：教育科学出版社，2009.

［61］李欧梵. 现代性的追求［M］. 北京：人民文学出版社，2010.

［62］李欧梵. 未完成的现代性［M］. 北京：北京大学出版社，2005.

［63］李镇西. 生日的祝福［M］. 北京：文化艺术出版社，2011.

［64］梁漱溟. 人心与人生［M］. 上海：上海人民出版社，2005.

［65］林崇德. 发展心理学［M］. 北京：人民教育出版社，1995.

［66］林建福. 教育哲学：情绪层面的特殊关照［M］. 台北：五南图书出版公司，2001.

［67］刘放桐. 现代西方哲学：下［M］. 北京：人民出版社，1990.

［68］刘惊铎. 道德体验论［M］. 北京：人民教育出版社，2003.

［69］鲁洁. 道德教育的当代论域［M］. 北京：人民出版社，2005.

［70］鲁洁. 德育现代化实践研究［M］. 南京：江苏教育出版社，2003.

［71］鲁洁，朱小蔓. 道德教育论丛：第2卷［M］. 南京：南京师范大学出版社，2002.

［72］罗荣渠. 现代化新论——世界与中国的现代化进程（增订本）［M］. 北京：商务印书馆，2004.

［73］茅于轼. 中国人的道德前景［M］. 广州：暨南大学出版社，1997.

［74］孟昭兰. 情绪心理学［M］. 北京：北京大学出版社，2005.

［75］潘建红. 现代科技发展与道德教育重建［M］. 武汉：湖北人民出版社，2007.

［76］庞丽娟. 教师与儿童发展［M］. 北京：北京师范大学出版社，2001.

［77］戚万学. 冲突与整合——20 世纪西方道德教育理论［M］. 济南：山东教育出版社，1995.

［78］萨支山，杨早. 话题 2005［M］. 北京：生活·读书·新知三联书店，2006.

［79］石中英. 教育哲学［M］. 北京：北京师范大学出版社，2007.

［80］檀传宝. 德育美学观［M］. 太原：山西教育出版社，2002.

［81］檀传宝. 德育原理［M］. 北京：北京师范大学出版社，2007.

［82］檀传宝. 问题与出路——若干德育问题的调查与专题研究［M］. 杭州：浙江教育出版社，2009.

［83］檀传宝. 走向新师德——师德现状与教师专业道德建设研究［M］. 北京：北京师范大学出版社，2009.

［84］谭光鼎，王丽云. 教育社会学：人物与思想［M］. 上海：华东师范大学出版社，2008.

［85］王枬，等. 教师印迹：课堂生活的叙事研究［M］. 北京：教育科学出版社，2008.

［86］魏曼华. 当代社会问题与青少年成长［M］. 福州：福建教育出版社，2005.

［87］吴国珍，等. 心灵的觉醒：理解教师叙事探究［M］. 北京：北京师范大学出版社，2010.

［88］吴志云. 灯，永远亮着：名校长吴辰评传［M］. 南京：江苏人民出版社，2011.

［89］萧焜焘. 辩证法史话［M］. 南京：江苏人民出版社，1986.

［90］萧焜焘. 精神世界掠影［M］. 南京：江苏人民出版社，1987.

［91］许纪霖. 读书人站起来［M］. 北京：中国人民大学出版社，2011.

［92］余秋雨. 摩挲大地［M］. 北京：华夏出版社，2008.

［93］赵汀阳. 论可能生活［M］. 2 版. 北京：中国人民大学出版社，2009.

［94］张颐武. 现代性中国［M］. 开封：河南大学出版社，2005.

［95］朱小蔓. 关注心灵成长的教育——道德与情感教育的哲思［M］. 北京：北京师范大学出版社，2012.

［96］朱小蔓. 教育的问题与挑战［M］. 南京：南京师范大学出版社，1999.

［97］朱小蔓. 教育职场：教师的道德成长［M］. 北京：教育科学出版社，2004.

［98］朱小蔓. 情感德育论［M］. 北京：人民教育出版社，2005.

［99］朱小蔓. 情感教育论纲［M］. 北京：人民出版社，2007.

［100］邹进. 现代德国文化教育学［M］. 大同：山西教育出版社，1992.

［101］BALDACCHINO, JOHN. Education beyond education：self and the imaginary in Maxine Greene's philosophy［M］. New York：Peter Lang，2009.

［102］OWEN FLANAGAN. The Really Hard Problem：Meaning in a Material World［M］. London：The MIT Press，2007.

［103］SCHMIDT-BIGGEMANN, WILHELM. Philosophia perennis：historical outlines of Western spirituality in ancient，medieval and early modern thought［M］. Dordrecht，The Netherlands：Springer，2004.

［104］WILL ASHTON, DIANA DENTON. Spirituality，Ethnography，and Teaching：Stories form Within［M］. New York：Peter Lang，2006.

［105］SAMUEL TOTTEN, JON PEDERSEN. Addressing social issues in the classroom and beyond the pedagogical efforts of pioneers in the field［M］. Charlotte，N. C.：IAP-Information Age Pub，2007.

报刊论文类：

［1］博古什. 苏霍姆林斯基人道主义教育中的惬意童年［J］. 中国德育，2007（3）：15-18.

［2］格林. "清醒"和道德地生活［J］. 中国德育，2010（1）：32-37.

[3] 陈来. "国学热"与传统文化研究的问题 [J]. 孔子研究，1995（2）：4-6.

[4] 董少校. 教师专业发展报告：中小学教师最期盼减压增能 [N]. 中国教育报，2010-11-27（2）.

[5] 樊浩. 伦理感、道德感与"实践道德精神"的培育 [J]. 教育研究，2006（6）：3-10.

[6] 樊浩. 现代道德教育的"精神"问题 [J]. 教育研究，2009（9）：26-34.

[7] 冯建军. 教育现代性的反思与批判 [J]. 南京师大学报（社会科学版），2004（4）：69-74.

[8] 高伟. 现代性背景下当代教育价值批判 [J]. 陕西师范大学学报（哲学社会科学版），2010，39（2）：160-167.

[9] 耿云云，张忠华. 回归生活德育的本真——"生活"的误解与矫正 [J]. 继续教育研究，2010（8）：147-149.

[10] 郭华. 新课改与"穿新鞋走老路" [J]. 课程·教材·教法，2010，30（1）：3-11.

[11] 黄颂杰. 灵魂说：西方哲学的诞生地和秘密——柏拉图和亚里士多德灵魂说研究 [J]. 学术月刊，2006，38（8）：62-68.

[12] 黄颂杰. 论西方哲学的宗教和神学之品性 [J]. 哲学研究，2000（9）：55-61.

[13] 霍伟岸. 沃格林论现代性及其起源 [J]. 读书，2010（5）：21-27.

[14] 姜泓冰. 教育≠成功学 [N]. 人民日报，2010-09-20（12）.

[15] 蒋炀. 他没撞人我们都愿作证 [N]. 重庆时报，2010-10-20（6）.

[16] 李菲. 对德育回归生活世界理念的反思 [J]. 教育科学研究，2010（10）：14-18.

[17] 廖英，檀传宝. 德育边缘化的表现及其原因浅析 [J]. 河北师范大学学报（教育科学版），2006，8（6）：111-114.

[18] 林崇德，王耘，姚计海. 师生关系与小学生自我概念的关系研究 [J]. 心理发展与教育，2001（4）：17-22.

[19] 刘华杰. 现代性背景下道德教育的"去信仰化"问题及应对 [J]. 教育科学研究，2009（12）：59-62.

[20] 刘梅. 精神生活：奥伊肯对人生哲学的批判与建构 [J]. 哲学研究，2006（7）：

102-106.

[21] 刘铁芳. "我-你"师生关系的可能 [J]. 福建论坛（社科教育版），2006（1）：54-55.

[22] 刘铁芳. 走出"思想"的"贫困"：教育研究的反思 [J]. 教育理论与实践，1997，17（6）：1-5.

[23] 刘旭东. 生活世界理论与基础教育课程改革 [J]. 教育理论与实践，1999，19（7）：37-41.

[24] 李镇西. 从教育浪漫主义到教育理想主义 [J]. 中学语文教学，2001（1）：20-22.

[25] 龙宝新，李亚红. 教育现代性研究的困境与出路：人的现代性的视角 [J]. 教育理论与实践，2006，26（8）：9-12.

[26] 鲁芳，张秋良. 培育道德精神：道德教育之本 [J]. 伦理学研究，2008（3）：65-68.

[27] 鲁洁. 边缘化、外在化、知识化——道德教育的现代综合征 [J]. 教育研究，2005（12）：11-14，42.

[28] 鲁洁. 超越性的存在——兼析病态适应的教育 [J]. 华东师范大学学报（教育科学版），2007，25（4）：6-11，29.

[29] 鲁洁. 道德教育：一种超越 [J]. 中国教育学刊，1994（6）：2-8.

[30] 鲁洁. 道德教育的根本作为：引导生活的建构 [J]. 教育研究，2010（6）：3-8，29.

[31] 鲁洁. 道德教育的期待：人之自我超越 [J]. 高等教育研究，2008，29（9）：1-6.

[32] 鲁洁. 道德危机—— 一个现代化的悖论 [J]. 中国教育学刊，2001（4）：7-12.

[33] 鲁洁. 教育的返本归真——德育之根基所在 [J]. 华东师范大学学报（教育科学版），2001，19（4）：1-6，65.

[34] 鲁洁. 论市场经济条件下的德育价值取向 [J]. 求是，1994（4）：37-40.

[35] 鲁洁. 市场经济与学校道德教育 [J]. 中国高等教育，1995（4）：15-16.

[36] 陆正林. 德育回归怎样的生活 [J]. 前沿，2011（10）：20-22，27.

［37］潘希武. 道德教育的现代性：西方的境遇与中国的问题［J］. 教育学术月刊，2010（7）：17-20.

［38］庞桂美. 人的精神世界的建构与精神教育［J］. 当代教育科学，2010（7）：8-10.

［39］钱庆. 超级女声火爆荧屏的秘密——5 城市观众调查［J］. 市场研究，2005（9）：17-19.

［40］沈俊强. 玻璃缸里的金鱼——关于儿童班级生活的一个隐喻［J］. 上海教育科研，2011：189-197.

［41］檀传宝. 德性、德性生活的实存与历史——对于道德生活和道德教育本质的思考［J］. 江苏高教，2000（1）：36-40.

［42］檀传宝. 德性只能由内而外地生成——试论"新性善论"及其依据［J］. 清华大学教育研究，2001（3）：19-23.

［43］檀传宝. 高低与远近——对"德育回归生活"的思考［J］. 人民教育，2005（11）：27-28.

［44］檀传宝. 功利主义：中国德育的症候群之一［J］. 教育理论与实践，1996（3）：24-28.

［45］檀传宝，班建武. 实然与应然——德育回归生活世界的两个向度［J］. 教育研究与实验，2007（2）：1-4，25.

［46］唐文明. 何谓现代性［J］. 哲学研究，2000（8）：44-50，80.

［47］佟春营. 对"读经热"现象的考察与反思［D］. 天津：天津师范大学，2009.

［48］薛晓阳. 学校德育：道德境界的构成与问题［J］. 教育学报，2005，1（5）：57-62.

［49］王坤庆. 当代西方精神教育研究述评［J］. 教育研究，2002（9）：89-96.

［50］王帅，方红. 教师个体经验价值辩正与实践突破［J］. 全球教育展望，2011（4）：48-54.

［51］王晓华，王耘. 3～6 年级学生及其教师对师生关系知觉的比较研究［J］. 心理发展与教育，2006（3）：23-29.

［52］王耘，王晓华. 小学生的师生关系特点与学生因素的关系研究［J］. 心理发展

与教育，2002（3）：18-23.

[53] 吴宽林. 第一次敬佩美国学生［N］. 羊城晚报，2009-12-22（B06）.

[54] 谢春红，覃宪儒. 实践精神视域下的学校道德教育［J］. 黑龙江高教研究，2006（10）：41-43.

[55] 项贤明. 回归生活世界的道德教育［J］. 高等师范教育研究，2001，13（1）：47-51.

[56] 茜云. 班干部选举之怪现象［J］. 今日中学生，2006（25）：4-7.

[57] 衣俊卿. 理性向生活世界的回归——20世纪哲学的一个重要转向［J］. 中国社会科学，1994（2）：115-127.

[58] 于伟. 教育观的现代性危机与新路径初探［J］. 教育研究，2005（3）：51-57.

[59] 赵仲牧. 时间观念的解析及中西方传统时间观的比较［J］. 思想战线，2002，28（5）：77-88.

[60] 张华. 论道德教育向生活世界的回归［J］. 华东师范大学学报（教育科学版），1998（1）：25-31，60.

[61] 张刃. 科教时评：大学生人才观"品德垫底"之忧［N］. 工人日报，2007-06-28（5）.

[62] 张曙光. 论作为现实和理论问题的"精神"［J］. 哲学研究，2003（12）：59-64，93.

[63] 张忠华. 论道德教育的道德属性［J］. 教育导刊，2007（4）：16-18.

[64] 张忠华，李明睿. 生活德育：我们研究了什么［J］. 现代大学教育，2009（4）：33-38.

[65] 郑信军，岑国桢. 道德敏感性的研究现状与展望［J］. 心理科学进展，2007，15（1）：108-115.

[66] 周爱保. 过去经验对内隐社会知觉的影响［J］. 心理学报，1998，30（2）：149-153.

[67] 钟晓琳. 科学化与功利化夹缝中的教育坚持［J］. 读书. 2012（4）：164-167.

[68] 朱小蔓. 创建情感师范教育［J］. 江苏高教，1994（3）：39-41.

[69] 朱小蔓. 师德是教师职业之魂［N］. 中国教育报，2004-09-10（3）.

[70] 朱小蔓. 教师专业发展与教师的道德影响力［J］. 临沂师范学院学报，2006，

28（1）：1-4.

[71] 朱小蔓. 让读书支撑我们的生命 [N]. 中国教育报，2003-08-07（5）.

[72] 朱小蔓. 未来教师的形象期待 [J]. 上海高教研究，1998（1）：52-55.

[73] 朱永新，马国川. 中国教育，从原点再出发 [J]. 读书，2011（7）：17-24.

其他类：

[1]"国培计划（2011）"——义务教育骨干教师远程培训。

[2] 全国教育科学"十一五"规划国家重点课题"社会变革时期青少年思想状况的新情况及对策研究"专题报告：《问题与回应：社会变革时期青少年思想道德价值观教育研究》（暂未发表）。

[3] 曾鸣. 一个中学老师的"教育家梦"[EB/OL].（2012-02-09）[2020-12-16]. http://www.infzm.com/content/69239.

后　记

　　本书的研究与写作，离不开恩师朱小蔓先生的关怀与指导。2009 年，我有幸跟随朱小蔓先生学习情感教育和德育，入学后我逐渐对"德育过程"产生研究兴趣，开始探索人的道德生长的内在机制，后来进一步聚焦人的精神发育，关注德育的精神性。于我而言，先生是给予我学术生命的恩师，让我得以安身立命的贵人。

　　在硕士研究生阶段，我读到朱小蔓先生的《情感教育论纲》，认知受到极大震荡——此前我从未意识到情感对于人的"本体性价值"，这打开了我认识"人"、认识教育的视野，我便开始追随先生的思想。由于本科阶段学习的是经济学，硕士研究生阶段才开始研究教育学，我最初思考教育问题喜好经济学的视角和思维方式，对教育中的"人"的把握往往是抽象的。还记得我第一次将自己的一篇论文《经济学意义上情感性道德教育的学理分析》呈给先生请求指教，那篇论文是从经济学的视角将人的情感视为一种稀缺资源，进而论证情感的效用和价值，提出希望运用经济学的方法建构情感性德育的量化模型。先生看后对我说："晓琳，你的笔头还可以，但我并不认同你的观点！"我当时一听有些蒙，先生耐心地解释她的观点，表明不太认同运用量化的方式来进行情感性德育研究的缘由，我似懂非懂地点着头。后来，我有幸正式成为先生的博士生，跟随先生深入学习，才逐渐明白先生当时批评的不仅是表面的研究方法，更是研究的基本价值取向。现在回想起来，我最初的研究取向将"人"抽象化了，更像是一种思维游戏，缺少对现实、对人的真情实感的观照，使研究本身成为一个冷冰冰的过程，这哪里是先生所推崇的教育和教育学啊！

　　一直以来，朱小蔓先生以情感之眼观教育，我常常在想，为什么是"情感"而不是别的呢？先生从事实、生活、现场中来，以"情感"来研究人，她关注、关心的是"人"——一个鲜活的、在逐渐扩展的生活中不断成长的生命体；她的情感教育关注

"情绪—情感—情操"，将人的生理、社会心理和精神层面都融为一体，这是一个整体的人、完整的人——未被片面地、过度地追求智育分割的人。还记得先生谈论情感与理性的关系时，并不将情感与理性对立，她常引述伽达默尔的观点说，情感是一种非逻辑理性。可以认为，先生的情感教育是以情感的视角来建构的教育学，并希望进一步走向情感文明的社会建构。在先生的教导和影响下，我的研究价值取向开始关注活生生的"人"、关注人的情感和精神世界，进而关心人的内在成长，关心学习的发生、教育的发生，关注教育内在过程的探索，关注教育实践中的理论生长……这本书是我初步的思考和表达，它尝试构建德育的精神性的基本框架。由于个人思想和经验的局限，观点论证和语言表达还显青涩，但它开启了个人志趣的学术之旅。

现今，这本书被纳入"当代情感教育研究丛书"出版，感恩先生、思念先生！先生学养深厚、学术纯粹、道德崇高，她的学术与人格是我们永远的榜样！先生离开我们已经一年多了，但她的情感教育思想仍然泽被我们，在先生思想的引领下，我知道我不会孤独，有了一生的追寻。

本书出版之际，我要向檀传宝、郑新蓉、袁桂林、刘慧、乌云特娜、李敏、段会冬教授致以深深的谢意，感谢他们在本书研究和写作过程中给予的批评、点拨、指导和鼓励。感谢杨一鸣博士对本书出版给予的无私帮助。感谢四川教育出版社对情感教育研究的热忱、支持和付出。感谢严谨细致、认真负责的高玲编辑。最后，还要感谢多年来一直默默支持我探索学术之路的家人，是家人的爱与宽容给予我勇气，支撑着我不断前行。

钟晓琳

2021 年 11 月于北京